自有品牌：狼来了

制造商如何应对销售商产品的挑战

〔美〕尼尔马利亚·库马尔
〔荷〕简-贝内迪克特·E. M. 斯丁坎普 著
段纪超 译

商務印書館
SINCE 1897 The Commercial Press
2011·北京

Nirmalya Kumar & Jan-Benedict E. M. Steenkamp

PRIVATE LABEL STRATEGY

How to Meet the Store Brand Challenge

Published by arrangement with Harvard Business School Press.

图书在版编目(CIP)数据

自有品牌：狼来了——制造商如何应对销售商产品的挑战 /〔美〕库马尔,〔荷〕斯丁坎普 著；段纪超 译.—北京：商务印书馆，2010

（哈佛经管典藏）

ISBN 978-7-100-07091-1

I. 自… Ⅱ.①库…②斯…③段… Ⅲ.零售商业－市场营销学 Ⅳ.F713.32

中国版本图书馆CIP数据核字（2010）第063325号

自有品牌：狼来了

——制造商如何应对销售商产品的挑战

〔美〕尼尔马利亚·库马尔

〔荷〕简－贝内迪克特·E. M. 斯丁坎普 著

段纪超 译

商 务 印 书 馆 出 版

（北京王府井大街36号 邮政编码100710）

商 务 印 书 馆 发 行

北京市白帆印务有限公司印刷

ISBN 978－7－100－07091－1

2010年8月第1版　　开本880×1240　1/32

2011年2月北京第2次印刷　　印张9¼

定价:45.00元

致中国读者

哈佛商学院经管图书简体中文版的出版使我十分高兴。2003年冬天，中国出版界朋友的到访，给我留下十分深刻的印象。当时，我们谈了许多，我向他们全面介绍了哈佛商学院和哈佛商学院出版公司，也安排他们去了我们的课堂。从与他们的交谈中，我了解到中国出版集团旗下的商务印书馆，是一个历史悠久、使命感很强的出版机构。后来，我从我的母亲那里了解到更多的情况。她告诉我，商务印书馆很有名，她在中学、大学里念过的书，大多都是由商务印书馆出版的。联想到与中国出版界朋友们的交流，我对商务印书馆产生了由衷的敬意，并为后来我们达成合作协议、成为战略合作伙伴而深感自豪。

哈佛商学院是一所具有高度使命感的商学院，以培养杰出商界领袖为宗旨。作为哈佛商学院的四大部门之一，哈佛商学院出版公司延续着哈佛商学院的使命，致力于改善管理实践。迄今，我们已出版了大量具有突破性管理理念的图书，我们的许多作者都是世界著名的职业经理人和学者，这些图书在美国乃至全球都已产生了重

大影响。我相信这些优秀的管理图书，通过商务印书馆的翻译出版，也会服务于中国的职业经理人和中国的管理实践。

20多年前，我结束了学生生涯，离开哈佛商学院的校园走向社会。哈佛商学院的出版物给了我很多知识和力量，对我的职业生涯产生过许多重要影响。我希望中国的读者也喜欢这些图书，并将从中获取的知识运用于自己的职业发展和管理实践。过去哈佛商学院的出版物曾给了我许多帮助，今天，作为哈佛商学院出版公司的首席执行官，我有一种更强烈的使命感，即出版更多更好的读物，以服务于包括中国读者在内的职业经理人。

在这么短的时间内，翻译出版这一系列图书，不是一件容易的事情。我对所有参与这项翻译出版工作的商务印书馆的工作人员，以及我们的译者，表示诚挚的谢意。没有他们的努力，这一切都是不可能的。

哈佛商学院出版公司总裁兼首席执行官

万季美

目录

序言

简–贝内迪克特和我都是在一个被制造商品牌控制的世界里长大的。制造商品牌无处不在，并且在很大程度上影响着消费者的生活。然而，随着时间的流逝，我们开始发现零售业的这种情况正在改变。越来越多的零售商店推出了贴有自己商标的产品。随之而来的是小零售店的消失——通常不是被大的连锁商店取代就是被它们收购。

当我俩都还是学生的时候，由于经费预算有限，为了省钱我们逐渐将目光转向一些贴有零售商商标的商品。我们发现这些东西的质量比期望的要好，从此开始定期不断购买这些自有品牌商品。现在，自有品牌商品已经成为我们购物时一个固定的保留节目，与此相对应的是：自有品牌在许多领域都取得了成功，从食品到领带，从非处方药到理财服务，从家居产品到需要自己动手组装的产品。

如今我们都是大学市场营销教授，在工作中我们系统地分析了整个零售市场的行为。我们发现了自有品牌的三个令人惊讶的特征。首先，我们发现自有品牌现象并没有得到市场营销学者的重视。事实上，尽管在很多产业，自有品牌是制造商品牌强有力的竞争者，但绝

大多数研究者还是对此熟视无睹，市场营销界还是像往常一样将所有焦点集中在制造商品牌上。

其次，更让人感到意外的是，作为许多最大和最成功的品牌制造商的顾问，我们发现这些企业也依然低估了自有品牌的威胁。著名品牌通常的做法还是和其他制造商品牌进行竞争，这就好像自有品牌根本不存在一样。这样的话，就算是有可能，也让它们很难去获得有关自有品牌的市场表现和产品质量的零售数据。在这些品牌制造商头脑里还有着这样根深蒂固的想法：自有品牌都是些低劣货，消费者很快就会对它们失去兴趣，根本不值得参与这个行业的竞争。

当我们开始不停谈论自有品牌不断显现的威胁和取得的成功的时候，我们发现这是把我们关于自有品牌的知识和经验写成一本通俗易懂的书的好机会。这就是我们的第三个令人吃惊的发现了。虽然自有品牌已经形成了上万亿的产业，但是市场还没有出现一本由有经验的从业者或者学者编写，并由知名出版社出版的有关自有品牌的著作。我们希望本书能填补这个空白。

根据我们自己和其他学者的相关学术研究、已公开的商业出版物和咨询经验，我们分析了零售商的自有品牌战略，并且鞭策品牌制造商针对这些战略采取更有效的措施。无论是和自有品牌提供者竞争，还是和自有品牌提供者合作，我们都在本书中提出了很多可行的战略。书中还包括许多详细的国际案例研究、图表资料和一些可实际操作的小工具，希望能帮助职业经理人在这个变化剧烈的商业领域能够收获丰厚的回报。

我们对这个领域的感悟并非一朝一夕形成的，而是在超过10年的时间内逐渐形成和整合的。这得益于我们在世界不同地方的咨询工

作和对高级管理人员的教学培训经历。这使我们的眼光能够深入理解零售商战略和自有品牌，并且洞察品牌制造商为了与之抗衡而制定的五花八门的战略的有效性。不过在这里我们要先提醒读者：自有品牌的力量源泉有很多而且还是不断变化的，就像希腊神话中九头怪蛇许德拉（Hydra）一样，让人无法准确抓住它的弱点。和品牌制造商一起工作的经验也告诉我们不存在一个放之四海而皆准的办法。

这里没有一个简单的办法可以来解决品牌制造商面对的自有品牌问题。不管市场营销顾问和权威们说得怎么天花乱坠、言之凿凿，其实世上是没有这样的灵丹妙药存在的。但是通过辛勤的工作和持续的效果累积，自有品牌的威胁可以用以下的七种武器进行正面的限制：改变轻视的思想、更加有效率的合作、才华横溢的创新、选择性打击、竞争性定价、持续提升质量和创造性营销。我们没有理由不这样做。再说今天的品牌经理们都有一群志趣相投的伙伴。毕竟，赫拉克勒斯（Hercules）在直接努力没有成功后并没有使用任何魔法杀死九头怪蛇，而是靠转变心态、辛勤工作、持续和有创意的策略以及联合一个好伙伴才完成这项艰巨任务的。

致谢

在相当长一段时间内，零售商、品牌制造商和自有品牌制造商三者在市场上不断掀起波澜，这本书正是因此而生。我们非常有幸在这一惊心动魄的过程中得到可靠的第一手资料，许多同事、公司和市场营销第一线的人为本书的出版作出了不可估量的贡献。

我们应该感谢市场营销学科把注意力转向自有品牌的高瞻远瞩，还要特别感谢下面一些同事作出的卓越贡献：库苏姆·艾拉瓦蒂（Kusum Ailawadi）（达特茅斯学院塔克商学院）、鲍勃·布拉特伯格（Bob Blattberg）（西北大学）、史蒂夫·伯吉斯（Steve Burgess）（开普敦大学）、普瑞迪普·钦塔甘特（Pradeep Chintagunta）（芝加哥大学）、丹尼尔·科斯坦（Daniel Corsten）（伦敦商学院）、芭芭拉·德莱尔森迪尔（Barbara Deleersnyder）（伊拉兹马斯大学）、布鲁斯·哈迪（Bruce Hardie）（伦敦商学院）、琼–诺埃尔·卡普弗尔（Jean-Noel Kapferer）（法国巴黎高等商学院）、菲利普·科特勒（Philip Kotler）（西北大学）、唐·莱曼（Don Lehmann）（哥伦比亚大学）、卡什·兰甘（Kash Rangan）（哈佛大学）、卢·斯特恩（Lou Stern）（西北大

学）、纳德·塔瓦索利（Nader Tavassoli）（伦敦商学院）和诺菲尔·维尔卡希姆（Naufel Vilcassim）（伦敦商学院）。

特别感谢下面四位同事，在过去的10到15年里，作为我们的搭档，他们用自己智慧的光辉照耀我们前行。卡特金·吉兰斯（Katrijin Gielens）（伊拉兹马斯大学）对零售业有着极其深入的了解，她提出的许多有洞察力的见解深深地影响了这本书。马尼克·德金普（Marnik Dekimpe）（蒂尔堡大学）和莉萨·希尔（Lisa Scheer）（密苏里大学）长期以来在关于品牌、自有品牌和渠道的研究方面与我们有着密切的合作。他们在寻找我们的论点的弱点和提出有效的修改意见方面的能力令人惊讶。不仅如此，我们还与英奇·盖斯肯（Inge Geyskens）（蒂尔堡大学）在关于营销渠道和自有品牌方向上紧密合作。在整个项目中，她大方地和我们共享她的见解。

这本书得到了伦敦商学院、北卡罗来纳大学教堂山分校和蒂尔堡大学这三个主要学术机构大量、有价值的帮助。我们非常感激这三所学校的校长——劳拉·泰森（Laura Tyson）、史蒂夫·琼斯（Steve Jones）和道格拉斯·沙克尔福德（Douglas Shackelford），以及西奥·维霍伦（Theo Verhallen），他们为我们的这本书慷慨地提供了大量的资源。在以上这些学校高管教育项目的教学和与同事的互动中，我们受益良多。

如果没有和大量公司的紧密合作，完成这本书是件不可能完成的事情。这些年来，我们和许许多多企业一起工作，把我们的一些想法付诸于实践。感谢德国阿迪达斯公司（Adidas）、荷兰阿霍德公司（Ahold）、荷兰阿克苏诺贝尔公司（Akzo Nobel）、法国欧尚集团（Auchan）、法国达能集团（Danone）、美国陶氏化学公司（Dow

Chemical）、印度食品世界公司（Foodworld）、德国GfK集团、美国固特异公司（Goodyear）、瑞士霍尔希姆公司（Holcim）、美国强生公司（Johnson & Johnson）、美国卡夫食品公司（Kraft）、瑞士雀巢公司、美国菲利浦莫里斯烟草集团（Philip Morris）、美国宝洁公司、英国利洁时公司（Reckitt Benckiser）、美国萨拉·李集团（Sara Lee）、瑞典利乐公司（TetraPak）、英国特恩斯公司（TNS）和英国联合利华（Unilever），它们给予了我们非常多的支持。

我们还要感谢许多经理在百忙之中抽出时间给我们提供了珍贵的信息和反馈，这其中包括：托马斯·巴克尔（Thomas Bachl）（特恩斯）、杰尔姆·伯施（Jerome Boesch）（达能）、伊恩·克鲁克（Ian Crook）（乐购/Tesco）、理查德·赫伯特（Richard Herbert）（Europanel调查公司）、克里斯托弗·尼（Christopher Knee）（International Association of Department Stores，国际百货店协会）、肯·拉扎勒斯（Ken Lazarus）（Cape Union Mart）、朱迪思·普格波（Judith Puigbo）（Apli）和卡雷尔·斯密特（Karel Smit）（IRI）。保罗·波尔曼（Paul Polman）（现在在雀巢，以前在宝洁）作为第一批真正重视自有品牌价值的经理，对自有品牌有着清晰的认识。在过去超过15年的时间内，艾尔弗雷德·迪杰斯（Alfred Dijs）（GfK集团）和迪克·瓦斯塔（Dick Valstar）（GfK集团）对我们的支持是无价之宝。他们的支持对我们这本书来说至关重要。

哈佛大学出版社的克里斯滕·桑德伯格（Kristen Sandburg）和朱莉娅·埃利（Julia Ely）从一开始就持续地、热忱地支持本书。他们事必躬亲的态度尤其令人赞赏。哈佛商学院出版公司（Havard Business School Publishing）的戴西·赫顿（Daisy Hutton）、齐

纳·波提亚（Zeenat Potia）、阿南德·P.拉曼（Anand P. Raman）、萨拉·韦弗（Sarah Weaver）和莱斯利·祖特琳（Leslie Zheutlin）在帮助出版这本书的过程中也起到关键作用。我们感谢索菲·林谷里（Sophie Linguri）和阿齐拉·维奇塔查雷姆（Akhila Venkitachalam）对我们研究的极好协助。海蒂·范·德·伯尼（Heidi van de Borne）、珍妮特·哈里尔（Jeannette Khalil）、亚斯明·雷德曼（Yasmine Redman）、玛格丽特·沃尔斯（Margaret Walls）、苏西拉－耶苏典斯托夫杰尔（Suseela Yesudian-Storfjell）的秘书工作也非常出色。

最后，我们想答谢那些在生命中的每一天都辛勤工作的高级管理人员。无论他是在零售业还是生产企业，无论他是想塑造一个成功的自有品牌还是想在与自有品牌的竞争中取得胜利，只要他们觉得这本书有用，我们所有的付出就有了意义。

尼尔马利亚·库马尔

简－贝内迪克特·E. M. 斯丁坎普

传统品牌正在遭受自有品牌的攻击

全球范围内自有品牌每年的销售额高达一万亿美元。

过去的20世纪是一个制造商品牌的世纪，消费者的消费习惯从19世纪购买本地工厂生产的、没有名气的、质量无法保障的产品转移到购买全球化制造商的知名品牌，如可口可乐（Coca-Cola）、迪斯尼（Disney）、尊尼获加（Johnnie Walker）苏格兰威士忌、强生婴儿爽身粉、卡夫食品的吉露牌（Jell-O）果子冻、李维斯（Levi's）的牛仔裤、宝洁的象牙牌（Ivory）香皂、雀巢的婴儿配方奶粉和联合利华的阳光牌（Sunlight）香皂。这些制造商品牌为了有效地传递它们的品牌信息，频繁出现在各种媒体上。从过去的报纸、广告牌和收音机到最近的电视以及互联网，它们无所不在。这些品牌聪明地传递给消费者一种信息：品牌是值得信任的、高质量的、具有连续性的和价位合理的。起初消费者购买这些制造商品牌是因为它是高质量、值得信赖和富裕的标志，而现在这些品牌被消费者青睐的原因是它代表着荣耀、形象和一种生活方式。

消费者一般可以通过渠道商和零售商两种方式买到商品。20世纪的大多数时间内，零售商对于它们最大的供应商来说相对较小，这就允许品牌制造商通过高质量的商品创新和大规模地投入广告，在分销渠道上建立自己的优势。制造商运用这种优势欺压零售商，强迫零售商用相同的价格销售和使用同样的促销策略。[1]零售商们通常只能选择“接受或出局”（take it or leave it）。

零售商和自有品牌势头的上升

1970年代，事情慢慢开始发生变化，零售商们开始构建它们的国际化产业链。像阿霍德、家乐福、麦德龙这样一些零售商甚至开始

进行国际化扩张，通过零售产业内的不断整合，从小的零售商铺成功地转型成为举足轻重的全球化企业。受这些先行者的触动，快速消费品（CPG）零售商如阿尔迪（Aldi）、欧尚、好事多（Costco）、Lidl、万客隆（Makro）、乐购和沃尔玛，在上一个千年的最后二十几年，急切地进入全球各个市场。

零售商现在在规模上超越了制造商

零售商的崛起已经打破了品牌制造商和零售商之间潜在的平衡关系。25年以前，最大的小商品生产商可能在规模上让它们的零售商客户相形见绌，但现在不会有这样的事情了。零售商现在拥有规模优势，并且正因为如此而掌握着谈判的主动权。（见表1–1）[2]

表1–1　零售商在规模上超越制造商

零售商				制造商	
公司	总销售额（单位:10亿美元）	自有品牌(%)	自有品牌销售额（单位:10亿美元）	销售额（单位:10亿美元）	公司
1. 沃尔玛	316	40	126	75	1. 雀巢
2. 家乐福	94	25	24	69	2. 阿尔特里亚
3. 麦德龙	73	35	26	57	3. 宝洁
4. 乐购	71	50	36	51	4. 强生
5. 卡夫	61	24	15	50	5. 联合利华
6. 皇家阿霍德	56	48	27	33	6. 百事
7. 好事多	53	10	5	26	7. 泰森食品
8. 塔吉特	55	32	17	23	8. 可口可乐
9. 雷弗	51	25	13	20	9. 萨拉·李
10. 阿尔迪	43	95	41	18	10. 欧莱雅
11. 施瓦茨集团	43	65	28	18	11. 日本烟草
12. 英特超市	42	34	14	17	12. 达能

资料来源：M+M Planet Retail, 2005;“Fortune Global 500”, Fortune, July 24, 2006, 113–120；以及作者自己的计算和估计。

力量平衡的打破不仅仅限于小商品范围，因为世界上最大的零售商同样大规模销售着其他商品。最典型的例子是沃尔玛，它的非快速消费品商品全球销售额超过1 500亿美元。非快速消费品同样为其他零售巨头贡献了巨大的销售额，如美国的塔吉特（380亿美元）和好事多（180亿美元），德国的麦德龙（320亿美元）和雷弗（100亿美元），日本的伊藤洋华堂（Ito-Yokado）（180亿美元）和永旺（AEON）（200亿美元），法国的家乐福（60亿美元）、欧尚（170亿美元）和英特（100亿美元），以及英国的乐购（110亿美元）。[3]

像贝那通（Benetton）、百思买（Best Buy）、法雅客（Fnac）、H&M、家得宝（Home Depot）、宜家（IKEA）、Virgin Superstores 和 Zara，这些特殊零售商也已经全球化，它们已经摸清了当地的消费习惯，成功地占领了各自的全球细分市场。例如，玩具反斗城（Toys "R" Us）针对世界上"妈妈都希望给她们的孩子高质量的产品和玩具，以提升他们的学习能力，激发他们的想象力，并让他们开心"这一需求，投入110亿美元巨资，在30个国家和地区开设了差不多1 600家商店。[4]它们利用自身在全球营销、商场运营和采购上的优势，帮助全球范围内的下属店铺建立起明显的竞争优势。

自有品牌比制造商品牌发展得更迅速

自有品牌已经存在相当长一段时间了，美国A&P牌的八点钟的早餐咖啡和英国玛莎（Marks & Spencer）的St. Michael品牌在使用它们自己的品牌上已经有超过一百年的历史了。然而在普遍情况下，自有品牌还是被制造商看成是在整个市场里面只占有很小份额、没有什么光明前途的代名词。所以，品牌商品的制造商们被制造商品牌

自1970年代以来持续的增长惊得目瞪口呆。最典型的例子发生在德国——这个欧洲的经济最强国和世界经济第三强国。自有品牌的份额在过去的30年从12%令人吃惊地上升到34%！

零售商自有品牌通常也被称为自拥品牌（own labels）、卖场品牌（store brands）或分销商自有品牌（distributor-owned brands），在其他市场上也发展迅猛。举个例子，在美国，自有品牌的市场表现在过去10年时间里就已经超过制造商品牌。在美国的超级市场（supermarkets）和大卖场（mass merchandisers）里，它们占到了销售额的20%，在大超市（department stores）、专业经营某类产品的大卖场或品类杀手商店（category killers）、鞋包专卖店（specialty stores）和便利店（convenience stores）里，它们也有着不少的份额。[5]

如果我们更仔细地观察表1–1中那12个最大零售商的自有品牌的市场份额，制造商品牌的未来看起来非常黯淡。除了好事多外，在美国的自有品牌的销售额占了这些零售商自有品牌总销售额的20%。零售产业的持续增长暗示着这些国际化零售商发展比整个市场更快。

然而更重要的是，几乎所有的零售商，无论大或小，都希望增加自有品牌的市场份额。例如，澳大利亚的大型连锁超市Coles已经声明将注意力转向自有品牌的市场份额，并期望在不久的将来，将它从自己营业收入的13%提升到30%。[6]此外，一些新的零售概念，像阿尔迪和Lidl的高折扣模型（hard discount format）开始形成。它们开始远离制造商品牌，而着重于以自有品牌为主打商品。在美国，Whole Foods和Trader Joe's这两家快速消费品零售商也将注意力集中在自有品牌上。Trader Joe's的董事会主席道格·劳奇（Doug Rauch）在竞

选的时候因为承诺将创造自己的品牌，“将命运掌握在自己手中”而当选。Trader Joe's现在的商品有80%是它的自有品牌。[7]

毫无意外的是，自有品牌在21世纪的第一个10年里也发展迅猛。表1–2显示，自有品牌在整个快速消费品产业中的市场份额预计增长将超过50%，市场占有率从原来的14%增长到22%。在大洋洲（超过50%的增长率）、北美洲（超过35%的增长率）和西欧（超过50%的增长率）这样一些已经很发达的自有品牌市场，随着零售商利润的不断增加，自有品牌市场占有率继续显示出强劲的增长势头。自有品牌份额在这些市场的增长，一般都让制造商品牌付出沉重的代价。例如，在美国，2005年自有品牌醋的市场占有率上升了两个百分点，并在此类商品销量上位居第一；与此同时，第二位的亨氏（Heinz）同类产品的销售额却下降了差不多10%。在表1–2中的一些自有品牌次发达市场，就像日本和一些新兴经济体，尽管起点很低，然而自有品牌的市场份额会因此而增加得更加迅猛。在这些地区，消费者对于自有品牌的态度有了明显的改善。[8]因为这些新兴经济国家拥有着更高的经济增长率，这就表示自有品牌的市场占有率很有可能以两位数增长。而且，这种趋势在2010年以前都不太可能放缓。在未来10年，随着大型零售商积极扩张和全球化，这些新兴经济国家将成为自有品牌和制造商品牌决战之地。

表1-2 快速消费品自有品牌的份额

	自有品牌的份额（占销售额的%）	
	2000年	预计到2010年
全世界	14	22
西欧	20	30
中欧和东欧	1	7
北美洲	20	27
拉丁美洲	3	9
大洋洲	15	22
日本	2	10
中国	0.1	3
南非	6	14

资料来源：改编自 M+M Planet Retail，2004，http://www.planetretail.net/。

自有品牌无所不在

自有品牌在食品和非食品中销售最好的三种品类是很容易预料到的——食品类中的牛奶、鸡蛋和面包，非食品类中的食品储藏器皿和垃圾袋、杯子和盘子、厕纸。尽管在一些品类中传统消费者更多地偏爱制造商品牌商品，然而大的综合零售商也有能力给他们提供值得信任的自有品牌商品以供选择。今天，自有品牌已经能够提供快速消费品目录中超过95%的产品。[9] 在增加得最迅速的自有品牌商品品类中，我们能看到唇膏、护肤品和婴儿食品。[10] 甚至像好事多这样的专注于大型商品的会员制批发市场，也开发了一系列自有品牌化妆品。

刚才进行的讨论可能误导读者，认为自有品牌现象仅仅局限

于快速消费品和杂货零售商，这是不对的。最大规模的零售商和分销商，如百思买、博姿（Boots）、迪卡侬（Decathlon）、联邦百货（Federated）、Gap、宜家、家得宝、卢氏（Lowe's）、欧迪办公（Office Depot）、史泰博（Staples）、塔吉特、玩具反斗城、维多利亚的秘密（Victoria's Secret）和Zara，都很大比例上或者说是很大程度上经营自有品牌。更多数量和类型的零售商和分销商都被自有品牌的魅力所吸引，逐步持续增大对此的投入。下面让我们来看看这三个截然不同的例子。

服装是自有品牌销售量最大的品类之一。自有品牌或者卖场品牌在整个美国的服装市场份额，从五年以前的35%和两年以前的39%，上升到现在的45%。在女装和儿童服装方面，自有品牌的市场份额已经占到了65%。[11]这在一定程度上是由于几家专业生产自有品牌的零售商，如Gap、H&M、The Limited 和 Zara，取得了巨大的成功。由于这样特殊的零售商取得的成功，高端的商场如Bloomingdale's和Macy's，也增加了对自有品牌的购买。

书也许看起来并不能成为一种自有品牌商品，然而巴诺书店（Barnes & Noble）计划到2008年将它们自有品牌书籍的销售额占到全部销售额的10% ~ 12%。巴诺书店在转向有关园艺、厨艺和生活方式的精致的休闲书籍前首先开始印制一些绝版书籍。在2002年，它放弃了John Wiley出版的流行的《克利夫笔记》（*Cliffs Notes*）学习指南丛书，代之以自己的《星火记事本》（*Spark Note*）系列，定价还要低一元。在2003年，《巴诺经典》（*Barnes & Noble Classics*）系列，特色标题如《哈克贝里·芬恩历险记》（*Huckleberry Finn*）、《白鲸》（*Moby Dick*），以一种不同的硬壳封面和纸封底的形式出现，与

Random House的《现代图书馆》(*Modern Library*)和Pearson的《企鹅经典》(*Penguin Classics*)系列直接竞争。[12]

金融服务可能看起来和自有品牌风马牛不相及，但是自有品牌却充斥着这个行业。例如，自有品牌的信用卡市场已经相当饱和了，像通用电气（General Electric）、富国银行（Wells Fargo）、花旗银行（Citibank）和第一银行（Bank One）都允许零售商们发行自己商场品牌的信用卡，并为之提供整套的服务。像富达投资（Fidelity）、嘉信理财（Charles Schwab）这样的金融超级市场，在向投资者提供其他机构管理的基金的同时也提供自己发行的基金。

自有品牌在全球不同地区和不同产业都取得了成功，全球自有品牌的总销售额已经达到一万亿美元，而且还在不断增加。

自有品牌的转变

在人们传统的印象里，自有品牌商品是使用白纸包装，然后简单地印上厕纸、豆子和洗衣液的字样，在货架的最底层才能找到的廉价货。这样的自有品牌商品是"真家伙的便宜和低劣的替代品"[13]。但是时代变化了。

自有品牌在质量上竞争

当然一些低质量的自有品牌产品依然存在，但是不能否认自有品牌产品已经在质量上有了飞跃。《消费者报告》(*Consumer Reports*)将Winn-Dixie的巧克力冰激凌排在Breyers前，认为沃尔玛的Sam's Choice比汰渍（Tide）的洗衣液更好，Kroger的薯条比Ruffles和品客

（Pringles）的更美味。在2005年英国举行的年度圣诞节红酒奥斯卡评比中，乐购每瓶售价低于15英镑的自有品牌香槟被评为最佳无记年份香槟。它在盲尝测试中击败了两倍于它售价的、著名的 Tattinger 和 Lanson。

最近德国的一份研究，在超过50种的消费者产品种类中，比评了自有品牌和制造商品牌的技术特点和质量。[14] 在其中超过一半的种类，低价的自有品牌（例如阿尔迪和Lidl）的质量和制造商品牌相当或者更高。荷兰Albert Heijin的卓越（Excellent）、Safeway的Select、沃尔玛的Sam's Choice以及Von's 的Royal Request是零售商高质量自有品牌的代表。消费者越来越敢于尝试自有品牌的商品，因为像Kroger冰激凌这样的零售商打出了这样的口号："品尝它，如果你不喜欢，你就可以免费得到这个国际性品牌！"（Try it，like it or get the national brand free！）

这些公司并没有在取得一点点成绩之后沾沾自喜，它们继续不断提升它们的质量。在2003年，旗下拥有Bloomingdale's和Macy's的联邦百货首席执行官特里·伦德格伦（Terry Lundgren）说："我们可以在我们的商场卖最高端、最优质和最昂贵的自有品牌产品。"因此，Macy's的自有品牌Charter Club的旅店系列（Hotel Collection）就有卖价1 350美元的绒被和275美元的枕头。[15] 同样地，Gap也推出了1969这个商标，这个商标所有商品的价格是绝大多数Gap牛仔裤的两倍。与此同时，The Limited 也将 Seven 7这个牛仔裤品牌投放市场，和传统的Calvin Klein、Diesel以及Hugo Boss这些经典品牌进行竞争。[16]

自有品牌也是品牌

品牌的意义是由消费者定义的。消费者希望品牌能够带给他们质量上的保证和情感上的满足。任何非品牌的产品必然会限制市场吸引力。然而品牌并不只限于制造商品牌，它们同样可以是零售商品牌。这就是为什么过去10年零售商们变得越来越强大，更具有综合性，以及在树立品牌上作了必要的大量投入的情况下，它们的自有品牌变得越来越成功的原因。现在在零售商的眼中，它们已经将自有品牌定位为品牌了。它们的卖场品牌产品已经不像上一代一样只具有功能性，而是越来越多地渗透了感情和想象。

不同于传统的普通产品，得克萨斯食品杂货连锁店H-E-B的Harvest Moon牌芦笋用精致的细长玻璃瓶包装，并印上精美的标签（柔和的新月形），使在隔壁货架上Del Monte公司罐装的产品看起来没有档次。[17] 我们还可以来看看迪卡侬的例子，迪卡侬是一家拥有331家店铺的运动装备零售商，现在它每年的销售额可以达到35亿美元。[18] 在12年的时间内，它将自有品牌在所有销售额中的比例从以前的33%提升到现在的50%以上。[19] 迪卡侬已经拥有七个有活力的品牌。这些品牌的开创得益于它们对体育运动的激情和积极捕捉客户对体育的感受。这些有活力的品牌都是针对一个特定的领域。例如，Tribord是针对潜水、航海和冲浪这一系列有关水的主题；而Quechua则是将目标转向滑雪、徒步旅行、登山这类与山有关的领域。这些迪卡侬的自有品牌能够有效地同像耐克（Nike）这样的迪卡侬品牌提供商分庭抗礼。

为了说明这点，瑞典的家具零售商宜家也许是最好的例子，“它已经成为人们生活方式的管理人”。平均每天光顾宜家的人数高达

110万人，其中许多人认为到宜家购物并不是平淡和枯燥的，而是一种乐趣。宜家在他们心里不仅仅是购物的一个好选择，而是他们选择家具的不二之地。来自罗马尼亚的一个顾客说：“宜家可以让我自由地选择，成为我想象的那个样子。”一个美国顾客的发言也为宜家的成功写下了注脚：“我家里有一半的家具都是在宜家购买的——尽管最近的一个宜家离我家开车都还需要六个小时。”拥有了这样的品牌忠诚度，因而宜家的经营利润率高达10%，成为最赢利的家具零售商之一就不足为怪了。这一成绩也比美国的同行Pier（5%）和塔吉特（8%）高出了不少。即使这样，宜家还有很大的成长空间。就像宜家的首席执行官安德斯·达尔温（Anders Dahlving）所说：“品牌知名度的提升比公司的规模更重要。”[20]

并不只有西方的零售商才开始认识到自有品牌创造的价值。比如说，南非的户外装备零售商Cape Union Mart的商店遍布南非、博茨瓦纳、纳米比亚。它超过80%的销售额都来源于自有品牌商品。Cape Union Mart针对三个不同的细分市场，精心包装了三个自有品牌。K-way是一个针对专业服装和装备的高端品牌；Old-khaki是一个有着工作服风格设计元素的时尚服装品牌；而Cape Union是一个主流的品牌，质量优良但是并不奢侈。

Cape Union Mart通过为它的自有品牌商品提供独一无二的店内体验而增加了产品的附加价值。野外装备可以在一堵室内攀岩墙和一个洞穴中进行测试。运动鞋部的背景则是一个高达12米（40英尺）的水幕。水流舒缓，唤起人们野营旅行的美好记忆。河水激流奔涌的响声配合着“escapism”这首歌的主旋律，使人暂时逃离了日常工作生活中的巨大压力。此外还有两个小房间格外地引人注目，一个是

供消费者体验防水服装在潮湿环境下的表现所用，另一个则是供消费者在极度寒冷条件（大风情况下摄氏零下15度）下体验防寒服的效果。就像Cape Union Mart的设计部主管肯·拉扎勒斯所说："因为自有品牌本身价格上的优势，加上让人耳目一新的室内体验服务，Cape Union Mart已经建立了一个其他单独只卖制造商品牌产品的零售商们没有的成功零售模式。" [21]

自有品牌消费者的满意度在上升

自有品牌的转型并非没有被消费者发觉。卖场品牌各方面的改善已经使它们成为大群消费者可以接受的选择之一了。全世界有三分之二的消费者相信："自有品牌商品同传统的品牌商品一样，都是很好的选择。" [22]

购买自有品牌商品被视为明智之举

因为所有这些积极的转变，自有品牌商品越来越得到消费者的青睐。2001年，45%的消费者更愿意购买自有品牌商品，这个数字比1996年的36%高出不少。还不只如此，70%的为了家居产品去购物的人期待着自有品牌商品的种类和制造商品牌一样齐全，这样他们的选择会更加广泛。同时，有54%的消费者表示将在未来购买更多的自有品牌产品。 [23]

有了这些态度作支撑，我们就不难理解过去一段时间以来在美国、英国、德国这样经济发达的国家，几乎所有家庭都或多或少地购买自有品牌产品。许多消费者的行为都有了微妙的变化。例如，以前

消费者对在超级市场里面购买自有品牌的服装是非常抵制的。现在则不同，五年内在英国购买Asda自有品牌的消费者比例已经从原来的8%提高到现在每三个人中就有一个人购买它的服装。[24] 这成功地帮助这家公司成为英国最大的服装零售商。很明显，自有品牌已经从最开始的丑小鸭，经过漫长的旅途，成为现在足以与更有魅力和投入大量广告的制造商品牌分庭抗礼的强大对手了。[25]

以前自有品牌最重要的目标客户是那些生活不富裕的人群。当然直到今天，这些人依然比其他人群更频繁地购买自有品牌产品，然而现在不少人也发现，越来越多富有的消费者也在购买卖场品牌。[26] 与被高价格的制造商品牌“洗劫”相比，选择用低很多的价格购买质量相当的自有品牌商品就“明智”得多了。德国人把这种趋势称为“小气就是英明”（stinginess is brilliant）。

明智的购物并不只限于快速消费品范围内。光是在德国，每年阿尔迪耐用消费品的销售额就超过60亿美元。其中销售最为火爆的商品当属个人家用电脑和露营装备了。[27] 德国电器零售商Saturn将“节约很性感”（thrifty is sexy）作为公司的口号，在谷歌（Google）上面去搜索这个口号，你会发现有739 000个链接。[28] 与此对应的是，电器折扣商Media Market则将“我可不蠢”（I’m not stupid）作为公司的口号。《财经时代》（*Financial Times*）对服装业评论说：“现在是‘明智的消费主义’（smart consumerism）时代了……人们甚至更加追求物美价廉。”[29]

这种将购买自有品牌产品视为明智的消费方式的趋势在服装业也可以观察到。塔吉特和Zara这样的连锁店也不断迎合市场上的“便宜雅致”现象。虽然塔吉特收获颇丰，但是零售业巨头沃尔玛仍在这种

趋势下分得了一杯羹。而沃尔玛18%的购物者年收入超过70000美元。[30]

所以我们可以说，自有品牌已经被广泛接受。人们购买自有品牌产品不再单纯为了减少花费，他们有更多的考虑。这点从购买自有品牌的人们来自社会各个阶层，购买的产品遍布所有领域这一现象能够得到很好的印证。消费者在比较制造商品牌和自有品牌的时候是经过深思熟虑的，他们并不会轻易地让广告和虚荣左右他们的判断能力。[31]

自有品牌并不是经济衰退时才有的现象

尽管在过去20到30年间，自有品牌的市场份额在所有发达国家中都有增长，但是这种增长的轨迹却并不是线性的。这常常让人推测购买自有品牌这种行为是经济衰退带来的一种现象。哈佛大学的教授约翰·奎尔奇（John Quelch）评论说："自有品牌份额一般在经济不景气的时候上升，在经济繁荣的时候下降。"[32]《经济学人》（*Economist*）观察这种现象很长一段时间了，消费者认为自有品牌是一种"真正商品便宜而低劣的替代品，在经济衰退时期被零售商大量推出，经济复苏以后又被抛弃的产品"。[33]德国每周发行的《斯特恩》（*Stern*）杂志曾经写道："世道越艰难，阿尔迪越好过。"[34]因此，过去我们接受的真知灼见就是：人们只有在经济衰退时期才会购买自有品牌商品。

一个跨越数十年、在四个不同国家（美国、英国、德国、比利时）进行的系统性的研究数据表明自有品牌的市场占有率在经济衰退的时候上升，在经济腾飞的时候下降。[35]然而，这些变化是不对称的。

自有品牌在衰退时期的增长速度比经济腾飞时期下降的速度要快，在波及的范围上要更广阔。事实上，自有品牌在衰退时期的净增长并没有被以后经济增长时期的净下降所补偿。因为消费者对自有品牌认知度的提高，衰退时期自有品牌的份额增长中一部分是永久性的。一旦消费者因为在衰退时期购买了自有品牌商品，并且体验到质量上的提高，不管经济形势如何改变，很大一部分人还是会认可并购买自有品牌商品。自有品牌的上升跨越了商业周期。

对制造商品牌的忠诚变成了对卖场的忠诚

消费者对卖场品牌商品认可度的上升必然伴随着对知名制造商品牌忠诚度的下降。一个美国人生活方式的研究报告显示，20 ~ 29岁年龄段的消费者中迷恋知名品牌的比例从1975年的66%下降到2000年的59%。[36] 更让人惊讶的是，60 ~ 69岁年龄段的消费者中这个比例由86%跌到了59%。另一个美国的报告研究包含了过去15年内像食品、服装、玩具和家用电器各种各样不同的商品，其中三分之二产品的品牌忠诚度都有所下降。[37]

但是这不代表像大家断言的那样，忠诚已经过时了。消费者是可以变得忠诚的，本身也是忠诚的，但不是一定要对制造商品牌忠诚。消费者逐渐开始信任特殊零售商，并增加对它们的忠诚度。像美国的Whole Foods、荷兰的De Bijenkorf、英国的玛莎、法国的欧尚、西班牙的El Corte Inglés、比利时的Delhaize、加拿大的Loblaws、德国的阿尔迪，都俘获了大量消费者的心。结果，更多的消费者想为家里洗手间换个龙头时，首先想到的品牌会是家得宝，而不是传统意义上领

先的制造商品牌美标（American Standard）和科勒（Kohler）。消费者可能不是思想上更复杂、更难以预料，他们只是将对制造商品牌的忠诚转变成了对自有品牌的忠诚。自有品牌，作为零售商正在被广泛讨论的独一无二的特色，对于给卖场带来忠诚度是非常重要的。

在一份研究中，通过让四大洲的消费者在所有的快速消费品商品类别中打分，以分辨哪些消费者是品牌忠诚，哪些消费者是卖场忠诚。结果发现，三分之一的消费者是卖场忠诚，一半的消费者是品牌忠诚，其他的人还拿不定主意。[38]然而在不同商品类型上，还是有很大差异的。卖场在个人护理方面的忠诚度要低于家居用品、食品和饮料。个人护理对形象至关重要，这驱使人们购买那些他们需要的品牌和类型。

制造商品牌正在遭受攻击

自有品牌的不断发展和消费者对此作出的积极响应让制造商品牌在增长速度和赢利能力上都受到很大的压力。在最近的一份研究报告中，只有29%的美国消费者认为制造商品牌配得上它高昂的价格，同时只有16%的消费者认为自有品牌商品比制造商品牌商品差。[39]以前总是认为卖场品牌低档、令人没有面子的想法也在慢慢消散，因为调查中仅仅6%的消费者认为在家里使用卖场品牌的商品让他们感到不舒服。

在推动制造商品牌繁荣的时代里，融合的媒体和分散的分销渠道的外部良性环境起到了相当大的作用。然而不幸的是大环境已经转变，媒体的逐渐分散和分销渠道的日益融合令制造商品牌非常难以应付。制造商们想通过媒体和消费者直接交流变得更困难和更昂贵。

因此，世界各国的零售商们开始加速控制接触主要消费者的途径。现在零售商已经取代旧的电视网络，成为和消费者交流的主要途径。再加上自有品牌对品牌制造商的威胁，零售商已经有能力获得更大份额的系统利润。

系统利润已经转向零售商

波士顿咨询集团的一个研究显示了美国食品零售业的联合和自有品牌的利润之间的潜在联系。[40] 在1996年到2003年间，零售商赚取了比制造商和零售商的合并利润高5%的利润，并有超过50%的系统利润的增长。在这期间，制造商总的市场资本化增长仅仅4%，比标准普耳指数19%的增长速度低很多。相似地，英国食品行业在1982年到2000年间，自有品牌占有率从25%上升到45%的十几年时间里，零售商的利润份额从18%上升到38%，同时可以看到制造商在产业利润中所占的比例下降了20%。[41]

未来对于制造商品牌来说会更有挑战性，特别是如果美国市场的趋势与自有品牌更加发达的欧洲市场的发展相类似的时候。不管零售商们如何狡辩，和许多美国经理认为的恰恰相反，美国并没有在自有品牌发展方面处于领先地位。为了证明这个观点，图1–1显示了现实中的31个国家和地区自有品牌的市场份额以及根据国家和地区商业环境预测的自有品牌的市场份额。位置处于那条45度斜率以上的国家或地区自有品牌的表现是相对比较好的，意味着自有品牌实际的市场份额比根据国家或地区情况预计的市场份额要高。[42] 当然，与此相反，位置处于那条45度斜率以下的国家或地区自有品牌表现是比较

差的，意味着自有品牌实际的市场份额比根据国家或地区的情况预计的市场份额要低。

图1–1 国家和地区自有品牌成功图

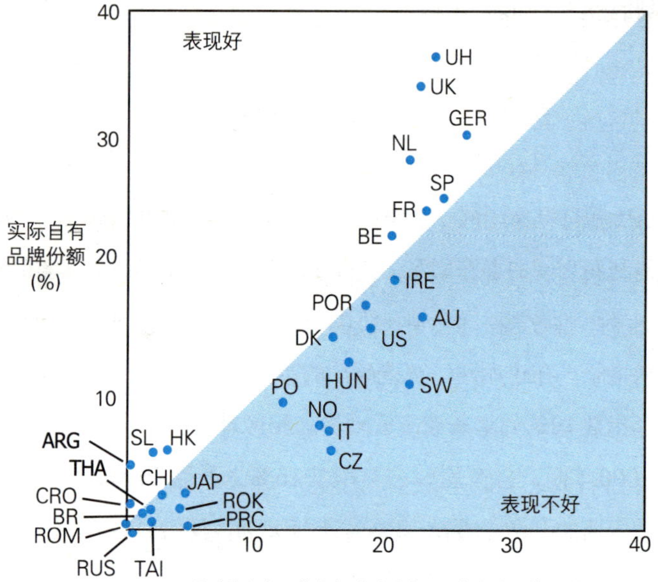

图例说明

ARG	阿根廷	DK	丹麦	NL	荷兰	SL	斯洛伐克
AU	奥地利	FR	法国	NO	挪威	SP	西班牙
BE	比利时	GER	德国	PO	波兰	SW	瑞典
BR	巴西	HK	中国香港	POR	葡萄牙	TAI	中国台湾
CH	瑞士	HUN	匈牙利	PRC	中国	THA	泰国
CHI	智利	IRE	爱尔兰	POK	韩国	UK	英国
CRO	克罗地亚	IT	意大利	ROM	罗马尼亚	US	美国
CZ	捷克	JAP	日本	RUS	俄罗斯		

资料来源：AiMark，2006；http//www.aimark.org/，转载得到许可。

从图1–1我们可以看到美国相对于它的具体经济情况，自有品牌表现是比较差的。为什么会这样呢？[43]其中一个因素是美国经济规模和国土面积非一般的大。从历史观点上来说，这帮助品牌制造商能够运用全国性广告亲近消费者，并从中受益。大型全球化零售商的并购还是最近几年的事情。直到今天，许多美国的超级市场和药店都还只拥有地区性的影响力。所以，美国的零售业比其他发达国家或地区的零售业还是要分散很多。举个例子，美国最大的五家食品零售商的市场占有率的总和低于30%，远远低于德国的68%。这就给品牌产品制造商在经济规模和范围上占据优势地位的机会。

而且，在美国，卖场品牌从一开始在管理上就没有像欧洲那样受到重视。这可以归结为制造商品牌的强势地位、美国零售业的低集中度、零售商作为雇主缺乏正面形象。一份在3 000名美国本科毕业生中进行的心中最佳雇主的调查显示，前15名中没有一家美国零售商。[44]在欧洲进行的同样的调查结果却大相径庭，像家乐福、玛莎、宜家、H & M、Zara、乐购和皇家阿霍德这样的零售商们都是广受欢迎的雇主。发展强有力的自有品牌需要相当多的专业技术和技能，但是在美国，零售商们却无法作为最受青睐的雇主吸引到最好和最聪明的人才。

这些限制自有品牌在美国取得成功的关键因素将随着持续的零售业合并而得到改变。如果美国零售业能够将它与英国的差距缩小一半，制造商们每年将损失数百亿美元的销售额，与此同时，将有几十亿美元的经营利润流向零售商那里。

品牌制造商应该反思它们的战略了

著名品牌、品牌偶像、行业领先者无一例外地受到了自有品牌带来的压力。例如，美泰（Mattel）公司风火轮（Hot Wheels）系列售价为0.99美元的玩具车在自有品牌产品竞争面前，只能无奈地看着自己的销量萎缩。[45] 在德国，因为自有品牌产品大举侵占市场，Tropicana的市场份额在三年时间内经历了非常惨重的下滑，从2000年的20%急剧下跌到2002年的2%。[46]

自有品牌和零售商力量的崛起使得品牌制造商不得不反思它们自身的战略了。《纽约时报》（*New York Times*）早在2005年就发表了一篇题目为“宝洁收购吉列的背后是什么？是沃尔玛。”（What’s Behind Procter Deal？ Wall-Mart.）的文章。文章谈到，沃尔玛自有品牌销售的火爆和不断出现的创新是宝洁公司花费570亿美元获得吉列（Gillette）公司的一个可能的原因。[47] 在2006年2月，奥利奥（Oreo）饼干和Oscar Mayer 午餐肉的生产商——卡夫食品公司在自有品牌吞噬了它的市场份额后，不得不宣布关闭20家工厂并裁员将近8 000人。[48]

就像消费者和零售商一样，制造商和零售商作为竞争者有着与生俱来的冲突，这正是制造商们不断增加的挑战的来源。这些冲突体现在很多方面。零售商们更倾向于把它们最好的货架留给自有品牌，显然这是制造商不愿意看到的。零售商也许会认为（就像第6章所讲，这个看法一般并不是正确的）它们在自有品牌和领先的制造商品牌商品之间的高价差中得到了好处，同时制造商也留意到这种战略。制造商总是期望通过它们的价格促销卖出更多的产品，而零售商会觉得将这些促销活动据为己有会比直接将促销推向消费者对自己更有利。在

一些促销活动中零售商能够得到的利益很少的情况下，这种想法会更多地出现。[49]

制造商和零售商都在制造商进行的产品创新上受益，然而零售商会在最短的时间内复制这些创新为自己所用。这就出现了一个有意思的难题。现在被美国的欧迪办公拥有的Guilbert是西欧最大的针对商业用户的办公用品分销商。除了制造商品牌，它还拥有一个自有品牌Niceday，这个品牌的产品涉足很多类型的办公用品，如订书机、写字板和钢笔。一方面，在2003年，它推荐它的供应商3M公司的便笺纸代表自己的产品在英国领取年度大奖；另一方面，市场上最流行的同类产品之一就是Niceday牌产品，只不过它是3M公司的便笺纸更便宜的模仿者而已。

有时候这种冲突并没有上面说的那么友好。在英国，可口可乐和J. Sainsbury之间就激发了一场严重的争论。J. Sainsbury的自有品牌Classic Cola的标志和颜色与可口可乐公司的Classic Coke非常相似，在推出不到六个月的时间内就一举获得了英国可乐市场17%的市场份额。在2005年，联合利华控告荷兰的零售商 Albert Heijn（皇家阿霍德公司的子公司）有13种自有品牌产品涉嫌抄袭。考虑到 Albert Heijn还是联合利华在荷兰的第二大顾客（市场份额为25%到30%），这并不是一个轻易就能够作出的决策。

为了能够分享制造商最新的科技，零售商希望通过让领先的制造商从事零售商自有品牌的生产而给制造商施加压力。当然很多制造商发誓绝对不接受这样的条件。例如，在荷兰，宝洁公司就在Dreft（在美国叫Dawn，在英国名为Fairy）牌洗洁剂的包装上写下了如下的字样：“Dreft绝不是自有品牌产品或模仿的商品。”

主流的零售商在品牌制造商向其他零售商，特别是高折扣零售商供货的时候态度很强硬。一个大的欧洲零售商董事会副主席的表态就很能说明问题。在一个从制造商角度进行高折扣零售商分类的高级管理人员会议中，他声称如果品牌制造商供货给高折扣零售商Lidl的话，他将马上减少提供给这个制造商品牌商品在他零售商店的货架的数量和质量以作为回应。

商业上的压力加速了自有品牌增长施加给制造商品牌的压力。出版物用大量的类似“卡夫公司的利润被自有品牌侵蚀”、“消费者冷对通用磨坊（General Mills）提价、品牌杀手：卖场品牌不再是失败者的专爱”、“零售业：品牌，永别了”和“大品牌开始乞讨”这样的标题来为这样的威胁定性。[50]

本书内容简介

在说明本书的计划之前，我首先想对读者明确地说明这本书的主题以及主题的具体范围。在本书里，我们把自有品牌定义为零售商或者分销商拥有的，并且只摆放在自己店铺货架上销售的所有品牌。例如，Burbeery 即使拥有自己的零售商店，也不会被认为是自有品牌。因为其他商场和卖场也销售了很多的 Burbeery 产品。然而，像 Gap、H & M、宜家和 Zara 这样的品牌就属于自有品牌，因为它们仅仅在自己的货架上销售。因为语言的变化，我们会使用自有品牌、卖场品牌、分销商品牌、零售商品牌或者自拥品牌来表达同一个意思，希望大家不要因这些说法上的不同而感到迷惑。

在本书的具体范围内，即使在许多世界最好的零售商的家乡——

美国，自有品牌的表现也不好，同样地，表现得好的其他国家（如图1–1所示）也不尽如人意，说明这里没有一个简单的“最好的可作为榜样”的国家。更合适的方法是，我们可以用一个国际化的视野来从自有品牌的成功中学习，并批判性地研究这些不同国家中自有品牌取得的成功。因此我们将重点放在了世界上最大规模的零售商如何增强自有品牌来和强大的制造商品牌进行竞争。因而在一些我们用来说明到底是什么使自有品牌显得相对不平凡的例子的时候，我们给读者留下了自己思考的空间。作为帮助，我们也提供了一个附录，里面有书中提到的零售商的一些基本情况。

这本书分成了两个部分。“零售商的自有品牌”部分有六个章节，我们审视了零售商针对自有品牌所使用的许多战略。第2章概要地介绍了零售商在主要的传统自有品牌身上所使用的原始状态的、复制型的战略。接下来，我们将转向零售商品牌战略令人激动的两个转变：使用高质量的卖场品牌商品俘获对质量敏感的消费者的心（第3章）和运用价值创新征服理性消费者（第4章）。第5章我们探索了零售商如何使用多品牌组合的自有品牌战略，从各个方面包围和打击制造商品牌。第6章我们讨论的是除了低价格，如何成功地让自有品牌创造更多价值。最后第7章将介绍自有品牌在零售商利润最大化方面起到的关键作用。

在“制造商对抗自有品牌的战略”部分，我们分析了制造商在面对零售商自有品牌的挑战时到底能做什么。令制造商进退维谷的原因是，它们不但要卖自己的产品给零售商，同时还要跟零售商竞争。这种困境被一个品牌制造商在面对 Coles 和 Woolworths 这两个澳大利亚最大的超级市场连锁店时的一番评论很好地诠释了，“只有一件事

情比和 Coles 和 Woolworths打交道更糟，那就是没有办法和 Cole 和 Woolworths打交道。”[51] 在美国，当Gap将注意力转向专业生产自有品牌牛仔裤而放弃销售李维斯牛仔裤时，Gap马上从李维斯最大的顾客变成了最大的竞争者。

第8章到第12章我们将重点放在制造商品牌如何在自有品牌的冲击下幸免于难。第8章研究了向零售商自有品牌供货这种“与敌共眠”的方法。经过取舍，制造商可以将重点放在自己的品牌上，用几种不同的战略让制造商品牌商品成为卖场品牌商品一个有吸引力的补充。第9章探讨了如何有效地与精选的零售商合作，共创双赢局面。第10章讨论的是品牌制造商怎样通过卓越的创新击败自有品牌。 第11章则点明制造商品牌不可能在所有阵线上都和零售商竞争，它们必须有选择地进行竞争以获得最大的影响。第12章讨论制造商品牌如何面对自有品牌创造出制胜的价值。

最后，在第13章，我们提出本书中各种主题和课程都涉及的具有煽动性的问题：品牌衰败了吗？接下来，我们会回答，不，品牌还没有衰败。但是，就像很多品牌制造商发现的那样，很多市场领先和最受消费者喜爱的消费者品牌现在已经是自有品牌了。

零售商的自有品牌战略

在发达的经济体中有两个事实是广为人知的：这里有很多品牌，这里有过剩的零售商店。然而，这里也总是还有空间可以让一个新的品牌或是一个新的零售连锁店取得成功。在过去20年间，我们目睹了许多新的商标品牌和成功的零售连锁店的出现以及取得的巨大成功，如：亚马逊网站（Amazon.com）、eBay、Nespresso、Old Navy、红牛（Red Bull）、星巴克（Starbucks）、Tchibo、Trader Joe’s、维多利亚的秘密和 Zara。这些市场新进入者在这个品牌和店铺飞速增长的时代还能取得成功，是因为它们有能力提供与众不同的商品或者服务，并且努力保持质量可靠。这样就给零售商自有品牌提出了一个很大的挑战——现在市场上已经有了这么多的品牌，自有品牌应该提供给消费者怎样独一无二的商品呢?

为了寻找一个独一无二的消费者主张，现在大多数零售商更倾向于管理一个多品牌的组合，而不是单一地只提供一个卖场品牌，比如史泰博或者 Walgreens。让我们看看在沃尔玛情况是怎么样的吧。沃尔玛销售的巧克力棒和曲奇有高端的Sam’s Choice，也有便宜一些的Great Value。同样，其他一些自有品牌也是这样，如Equate的非处方（OTC）药和Ol’Roy狗粮。在多品牌组合下，零售商必须要为每一个品牌为什么能够生存下去找到各自存在的合适理由。为了每一个自有品牌，零售商都首先必须全盘考虑整体战略、消费者定位和品牌目标等。一旦这些品牌有效地结合了起来，接下来就要在品牌推广、定价、种类覆盖面、质量、产品开发、包装、货架摆放和广告或促销多方面进行战术选择。

一般而言，为了与制造商品牌和其他零售商品牌竞争，单个的零售商自有品牌可以在四个消费者主张中进行选择。我们把这四

种消费者主张称为：原始状态型（generics）、跟随型（copycat）、高端卖场品牌型（premium store brands）和价值创新型（value innovators）。表I–1列举了这四种不同零售商品牌在不同的战略战术纬度下的异同。当然，随着时间的推移，这四种类型是不断变化和发展的。而这四种类型的边缘则是重叠的。然而这是理解个体的零售商自有品牌战略的一种有用的方式。原始状态型、跟随型是零售商两种传统的选择方式，而后两者，高端卖场品牌型和价值创新型，则是相对比较新的方法。这四种方式的结合和区别将在下面的第2章到第5章中详细论述。

表I–1 四种自有品牌类型

	原始状态型	跟随型	高端卖场品牌型	价值创新型
例子	仅仅在黑白包装上标注香皂、洗发水、面包的无牌产品	· Walgreen洗发水 · Osco维生素 · Quill办公用品	· President' s Choice · 美体小铺 · TescoFines	· 阿尔迪 · H&M · 宜家
战略	最便宜、无差别产品	更便宜的仿造者	增加价值	最高的性价比
目标	· 给消费者提供一个低价的选择 · 扩展客户群	· 增加与制造商谈判的力量 · 增加零售商在该类别产品分得的利润份额	· 提供高附加值的产品 · 商场差异化 · 增加销售量 · 提高边际利润	· 提供最大的价值 · 培养消费者对卖场的忠诚度 · 产生好口碑
品牌	没有品牌名称或者根据价格标签辨认	打上零售商店名或者特定种类的自有标签	商场品牌或者副品牌	无意义的自有标签展示不同
定价	高折扣，比品牌领先者价格低20% ~ 50%	一定的折扣，比品牌领先者低5% ~ 25%	定价接近或高于品牌领先者	高折扣率，比品牌领先者低20% ~ 50%
覆盖种类	基本的功能性产品	进入大量的、有强大的品牌领先者的产品种类	通常是新产品	所有种类
与品牌领先者的质量对比	低质量	质量和品牌制造商接近	质量等同或高于品牌领先者，至少在广告上宣称质量更好	基本功能与品牌领先者相同，但是去掉了一些无附加价值的产品特性

（续表）

产品发展	无；根据制造商落后的技术制造的产品	使用与制造商同样的技术再加工	在最好的产品中使用相近或更好的技术	控制成本的情况下更高效地创新
包装	便宜，简化	尽可能地与品牌领先者相近	独一无二和差异化	独一无二，但是花费很少
货架位置	差，不起眼的货架	紧邻品牌领先者	最吸引眼球的位置	普通
广告/促销	无	频繁的价格促销	有特色的广告，有限的价格促销	不进行自有品牌广告，普通的促销日程
消费者主张	当做最便宜的商品销售	相同质量但以较低价格进行销售	在市场上作为最好的产品销售	作为质量与品牌领先者相等但性价比更高的产品销售

说一千道一万，自有品牌只不过仅仅是零售商达到自己最终战略目标的一个工具。零售商的最终战略目标是市场份额、永续经营和赢利能力。就像我们将在第6章说到的那样：不只通过价格来抢占市场份额。第7章重点说明这样的事实：自有品牌能够提升零售商赢利能力的关键不是在一个种类上尽量增加它的市场份额，尽管现实中许多零售商就是这样做的，但是现实情况比这复杂得多。用真实可靠的数据和独特的视角，我们可以向你证明，过分地将重点放在自有品牌上实际会降低零售商的赢利。

和传统的自有品牌在价格上竞争

所有自有品牌中跟随型比例为50%。

虽然所有的焦点都集中在自有品牌新近的发展方向，如高端卖场品牌型上，但是我们不能忘了自有品牌的传统方式——原始状态型和跟随型，在全世界范围内还依然占有自有品牌份额的统治地位。而且零售商最开始冒着风险进入自有品牌生产的时候就是从这两个类型开始的。所以当我们谈论零售商战略和自有品牌的时候，还是从这些依然普遍存在的自有品牌类型开始最为合适。

原始状态型自有品牌

自有品牌产品在全世界，特别是美国，一开始都是以便宜低劣的产品形象出现的。历史上，它们甚至都没有贴上印有商店名字的标签，因而被称为无牌产品。一般都是些纸毛巾、狗粮之类，只要看见白纸上面印着黑字的包装就可以识别它了。绝大多数消费者看见上面写的是什么就是什么，除了它们低劣的质量和很低的价格，不会有任何差别。然而这些低廉的次货却给低收入和价格敏感人群多了一种购买的选择，结果可以让零售商扩大它的消费者基础。无牌产品的最大优势就是尽可能低的价格。

从供应链上来看，无牌的自有品牌没有给零售商带来什么复杂的工作。这些产品仅仅出现在一些像纸产品和日常的罐装食品这样基本的、功能简单的和低附加值的产品种类上。而在每一种类中，零售商也只提供一个范围和一种变体，这样就可以相对减少零售商计算增加的存货品目（SKUs）的工作量。零售商只管向制造商购买这样的商品，并把它们摆上货架，根本就不管这些产品是专门为它们生产的还是制造商卖不出去的存货。

原始状态型自有品牌的下降和复兴

通常情况下，原始状态型自有品牌并不在零售商销售的产品中占有很大份额，所以它也不是零售商关注的战略重点。原始状态型自有品牌一般只能摆放在位置很差的货架上，比如最底下一层、容易被忽视的角落和零售架上。如图2-1所示，随着时间的慢慢推移，原始状态型自有品牌与跟随型、高端卖场品牌型和价值创新型这些新的方式相比，已经失去了它的货架和对零售商的重要性。

图2-1　自有品牌的演变

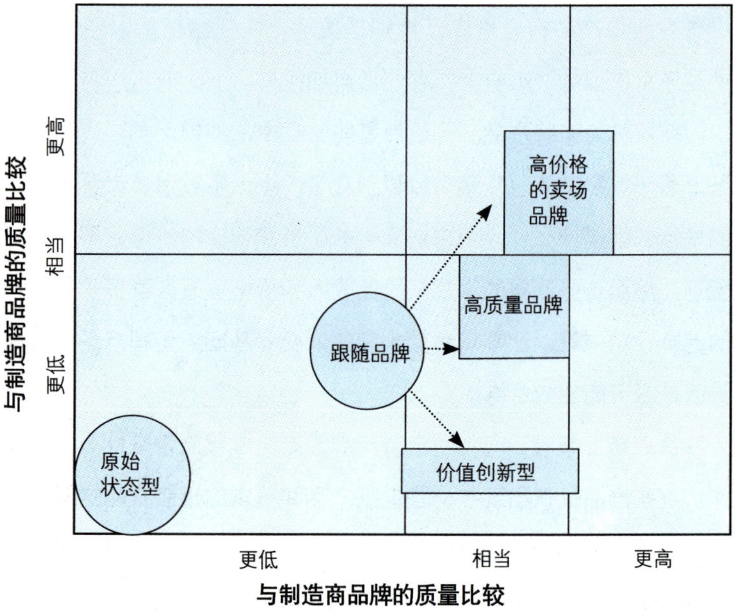

虽然不再是“白与黑”这样的产品了，在欧洲，原始状态型自有品牌的势头最近也有所复苏。许多有着高级自有品牌的欧洲零售商也开始转变原来的思想，将原始状态型自有品牌当成它们多品牌组合

中间重要的一环。为了回应像阿尔迪、Lidl这样的高折扣零售商带来的越来越强烈的价格上的压力，主流零售商被迫发展一个低端自有品牌来证明在它们的商店也能买到最低价格的商品。通过拥有这样一个价格第一的自有品牌阵线，传统零售商如Albert Heijn、家乐福、Delhaize和Sainsbury也在对付高折扣零售商方面有了足够的资本。

原始状态型自有品牌的三种品牌战略

这些价格斗士可能作为卖场品牌的一个副品牌、一个独立的品牌或者是一个合伙品牌。例如，乐购和Sainsbury就用过自有品牌的副品牌这种方式来对抗和限制英国高折扣零售商不断上升的势头。乐购有一整条价值阵线，同时Sainsbury的低价格体系（见图2-2）也覆盖超过300种的食品和家居产品。

图2-2　Sainsbury的便宜白色标签

资料来源：Jan-Willem Grievink, "Retailers and Their Private Label Policy"（presentation given at the 4th AIM Workshop, June 29, 2004）。转载得到许可。

自有品牌：狼来了

南非的Pick'n Pay是南非最大的超级市场连锁店之一，在南非它拥有超过300家超级市场和14家大卖场。它也有一条无牌产品阵线来和Shoprite这样很便宜的商店竞争。为了避免广大消费者对原始状态型自有品牌质量上的担心，它在这些无牌的自有品牌产品包装上印上了一条退款的承诺，声明如果消费者一旦对产品质量不满意，“我们将非常乐意双倍退还您的货款”（资本上承诺）。为了增加这个承诺的可信度，Pick'n Pay的传奇人物、创始人兼首席执行官雷蒙德·阿克曼（Raymond Ackerman）在上面亲笔签下了自己的名字。

与此相反，法国家乐福是在被大的折扣零售商抢去市场份额后才不得不推出了一系列低价的自有品牌产品，这些产品都用了一个独立的品牌“1”。现在这些“1”牌的商品包含2 000多种产品，每年可以为家乐福带来16亿美元的销售收入。这些产品试图比低折扣零售商的产品低6到7个百分点，并执行每天都低价的策略，但是人们怀疑这些产品到底有没有给家乐福带来过明显的收益。

为了避免其他方面被单个零售商在资源经济性上超越，阿霍德和其他八家欧洲的零售商组成了一个联盟，与自有品牌生产商进行了非常艰苦的谈判，涉及从纸制品到软饮料的数百个产品，之后它们遵循欧洲购物者联盟品牌（consortium brand）的规定进行销售。[1]

这样的原始状态自有品牌或者以价格第一为宗旨的产品帮助零售商留住了那些对价格敏感的消费者，并且限制了以价格为导向的竞争者的上升势头。然而，我们还不是完全清楚原始状态型自有品牌到底有没有产生出对得起它的货架空间的利润。更重要的是，它们可能最终抢占零售商自己的更高定价和更高利润的自有品牌产品的份额。然而，零售商希望这样一类产品可以帮助它们吸引那些对价格敏感的消

费者，这些消费者的购物篮最终不但会装有低利润的原始状态型自有品牌商品，也会有部分更高利润的非原始状态型自有品牌商品。因此，这些以价格第一为宗旨的商品可能不会带来丰厚的利润回报，但是依然可以通过吸引消费者而有利可图。

自有品牌的跟随型战略

原始状态型自有品牌商品，尤其是在美国，已经逐渐被那些通常会印有零售商名称的自有品牌商品所取代。我们通常指这样的品牌为卖场品牌。这些卖场品牌就是所谓的跟随型产品，它们模仿各种各样市场领先的制造商品牌。例如，沃尔玛的Equate牌的漱口水就和它的品牌竞争者Plax外观包装上看起来没有什么太大区别。相似地，塔吉特的漱口水产品和市场上领先的品牌Wintergreen Listerine外观也极其类似。药品连锁店 CVS 和 Walgreens 也有同样相似包装的卖场品牌牙刷。

跟随型战略

跟随型自有品牌产品通常在包装上有让人觉得不舒服的感觉，与此相类似，比如我们可以看看图2–3中联合利华（Cif）和雀巢（Nescafé）的例子。自有品牌和这些领先的品牌放得很近，包装也很像，但是品牌识别的工作却只能交给消费者自己完成。

零售商通过价格优惠和相应的广告语不遗余力地促销这些跟随型自有品牌产品。例如，在2003年8月，专营办公产品的零售商Quill在线销售一种售价为29.99美元、由14件 Quill 产品组成的大礼包，

这直接针对有类似产品的制造商品牌。制造商品牌商品的售价高达141美元，结果可想而知，Quill自有品牌产品占有了它销售产品的三分之一份额。[2]

图2-3　零售商跟随型品牌

资料来源：琼－诺埃尔·卡普弗尔2006年拍摄的照片。转载得到许可。

为了保证质量，零售商分析领先的制造商品牌产品的组成，并逐步开始重新再“创作”，这个过程叫做“反转制造”（reverse engineering）。从这个意思上说，它们在制造商的创新、研究、产品推广和形象塑造方面都为自有品牌搭了便车。因为这样对零售商而言，基本没有在研究、推广或者销售、营销上花费什么钱，而且在外部的采购方面也是积极寻找最低成本的制造商，于是这些跟随型产品在价格方面当然被那些相对的制造商品牌产品低很多。这些制造商至

少还要将一部分利润转移给零售商。我们可以看看下面这个例子，利洁时的Vanish在荷兰的售价为每公斤11.5美元，同样的自有品牌跟随型产品的售价却仅仅只为6.34美元。

跟随型品牌使利润从制造商流向零售商

零售商的跟随型卖场品牌并不用面对推介新产品而产生的风险，因为它们仅仅是在制造商的新产品开始成为热点的时候适时才推出自己的跟随型自有品牌产品。例如，最近零售商才推出自有品牌的香水。新产品是产业活力的源泉，这是一个相当大的优势，因为新产品有很大的比例是不会被市场接受的。由于不存在这样的失败率，跟随型零售商并不用承担这些失败的成本。

因此我们就不用为美国玩具产业陷入的麻烦而大惊小怪了。成功的玩具是很少的，也是很难成功的。当成功一出现，它们又马上被沃尔玛或者其他零售商用很低的成本在中国的工厂马上大量复制。[3]这就是这些跟随型自有品牌和品牌领先者有着相同的质量，价格却低了很多的关键了。

通过跟随强大品牌领导者引入这样的新跟随型自有品牌，零售商有效地跟品牌领导者进行竞争。这不但导致零售商跟品牌领导者讨价还价的能力增强，它跟其他一些制造商讨价还价的能力也在增强。结果，零售商产生了大量的利润，不但来源于自有品牌的更高利润率，也来源于利用自有品牌对制造商的威胁，而诱导它们付出更多的利润。跟随型品牌驱使制造商的利润流向零售商的荷包。我们现在描述两个企业——Walgreens 和 Zara，两个来自不同大洲、生产不同产品的企业，看看它们如何成功地推行跟随型战略。

Walgreens跟随型品牌战略

Walgreens是美国最大的药品零售商，每平方英尺销售额达到667美元之多，平均每天的顾客到访量有360万。Walgreens率先提出：不要让顾客将药房仅仅作为一个配药站，而是要当成一个方便的目的地的概念。在它将近5 000家商店中，有1 200家全天24小时营业，此外店与店之间都有卫星连接，处方可以全天候填写。五分之四的店铺都配有送药到家的药剂师。[4]

2005年，在Walgreens处方药销售额差不多占到全部420亿美元销售额的63%，同时一般的购买占到总销售额的25%，其余12%则来源于非处方药的销售。自有品牌在配药产业非常重要，基本上几乎一半的各种维生素、三分之一的补充矿物质的产品和四分之一的复合维生素销量是由自有品牌产品完成的。除了维生素，自有品牌同样占有很大比例的止痛药和口腔护理产品的市场份额。Walgreens是自有品牌的领导者，自有品牌的销售额占到总销售额的12%，而CVS、Rite-Aid和Brooks都只有7%～8%。

侵略性的价格竞争

Walgreens自有品牌的战略核心是价格。通过平行的货架展示，它积极鼓励消费者在制造商品牌和自有品牌间进行对它有利的价格上的比较。电子显示板向顾客展示着这一周以来的所有交易。它的自有品牌产品通过传单、店内展示、促销员以及一个每周播放的名为“Walgreens健康中心”的30分钟的电视节目大量促销。

它有专门的小册子教消费者如何进行糖尿病护理，并用自有品

牌的葡萄糖检测仪和国际性品牌进行对比。例如，Becton Dickinson公司Logic牌的血糖检测仪售价74.99美元，而Walgreens公司的只要17.99美元。在口腔护理方面，Walgreens公司的Fresh Breath Supreme牌牙刷只卖1.99美元，同样的欧乐-B（Oral-B）牌牙刷要卖到2.99美元。Walgreens自有品牌产品线就意味着省钱。它还提供一种“比较然后省钱”的服务，将Walgreens的产品和制造商品牌进行比较，比如，它的美白牙膏（1.99美元）和宝洁公司的佳洁士美白牙膏相比较——在货架上就会出现“你省了1美元”这样的信息提醒消费者。

不止是价格导向的卖场品牌，Walgreens还拥有包含不同品种产品的其他自有品牌。在2003年，它推出了一种名为Studio 35的售价为9.99美元的数码照相机，消费者只要再花另外的9.99美元就能得到一个小时的时间来处理他们的照片。它还有一个Truffelinos 牌的具有比利时风味的巧克力。Walgreens也是生产高档化妆品的瑞典品牌Isa Dora在美国的独家分销商。不考虑这些特例，Walgreens自有品牌项目的推进重点来源于跟随型卖场品牌战略。

Zara——模仿出来的时尚品牌

Zara是一家取得巨大成功的西班牙服装连锁商店，它就是一个跟随型品牌，它使大众也能够拥有高档的流行服装。[5] 在2006年，Zara的885家商店在62个国家和地区拥有超过900万平方公尺的销售区域。2005年的销售额是53亿美元。Zara已经成为西班牙最有名的服装品牌和资产81亿美元的Inditex控股公司的旗帜性品牌。Zara的息

税前净利润率达到16%，每年销售额的增长速度将近20%。Inditex的股票在2001年上市，它的创始人阿曼西奥·欧特嘉（Amancio Ortega）在富豪排行榜上占据第23位，据《福布斯》(*Forbes*）杂志的估计，他的个人财富有126亿美元。

快速的时尚

Zara致力于以合理的价格向年轻、有时尚触觉的城市居民提供流行服饰，所以它们通常排除那些业已成名的名牌设计师。它们有着一个由200个年轻、才华横溢，然而暂时默默无闻的设计师组成的团队进行设计工作。这些设计师大多数都是刚刚从顶级服装设计学校毕业，他们从T台和其他时尚热点地区了解最新时尚来获取灵感，这样就可以更容易将设计投入大众市场。

Zara非常善于抓住最前沿的流行趋势，几周之内你就可以在全球各家Zara店铺中看到融合了最时尚元素的服饰。在麦当娜（Madonna）最近的一次西班牙巡演中，当她刚刚举行完个人的第一场演唱会，她的服饰就被Zara迅速地复制了。所以到了她在西班牙的最后一场演唱会时，你可以看到很多观众穿着同样的服饰。在2003年，当西班牙王子宣布和莱地齐亚·奥尔蒂斯·瑞卡索拉诺（Letizia Oritz Rocasolano）订婚时，准新娘以一身白色长裤套装出席。仅仅数周以后，同样的长裤套装在全欧洲的Zara货架上出现，Zara牢牢地抓住了时尚的感觉。

为了跟上销售和时尚的潮流，驻店的设计师们每周要发布两次新的服装设计方案。因此每个特定商店中的商品都是最新的和与众不同的。在如此短的时间内生产这些服装就要求 Zara 拥有一个垂直一体

化的供应链，通过一个艺术王国的物流中心来分销这些服装。Zara并不像大多数竞争对手一样，通过由像中国这样低劳动力价格的国家生产服装而降低自身的成本。Zara超过50%的服装都是在欧洲生产的。有时候当那些著名的服装设计师设计的服装还没有来得及挂上传统零售商的货架，就已经被Zara成功地复制了，这就是Zara复制成功元素的速度。

Zara品牌管理

Zara是一个独一无二的自有品牌店铺形态。它一般不强调自己服装上的Zara品牌，因为这样可以给消费者更多弹性的选择。消费者可以明智地谈论服装，也可以不用花很多钱就能买到融合了其他设计师设计元素的服装。Zara的成功导致米兰和巴黎的时装展要去改变它们的规则和限制参加人数，以防止Zara通过这样的渠道来观看和复制原创的设计作品。

Zara只花费销售额的0.3%进行广告促销，广告也主要用来强调跟随型战略给消费者带来的吸引力。与此不同，它的竞争者（像H&M）通常在广告上花费3%～5%的销售额。Zara节省下来的费用被精心地用在主要城市中最好和最有特权的地点，如伦敦的摄政街（Regent Road）、巴黎的Rue Rivoli、纽约的第五大道（Fifth Avenue）或者里约热内卢的Avenidas das Americas的展示活动中了。对于Zara来说，店铺的橱窗展示是对消费者投放广告的主要方式。它们的玻璃巨大而又有梦幻色彩，每两周清洗一次，让来Zara购物的消费者站在它前面感觉自己如同明星一般。

章节要点

成功的原始状态型自有品牌

◆ 因为利润不高，所以在计算零售商的整个销售额时只占很小的比例。

◆ 为对价格相当敏感而对质量不很挑剔的消费者提供一个购买选择。

◆ 虽然在产品层次利润并不丰厚，但是可以通过吸引富有的消费者同时购买一些高利润产品而获得收益。

◆ 有助于应对来自阿尔迪这样以价格为导向和自有品牌集中的高折扣零售商的威胁。

成功的跟随型自有品牌

◆ 在品牌制造商的产品研发和广告方面搭便车，可以用相对较低的价格提供相当的产品。

◆ 可以通过广告和货架上标签的价格比较来针对制造商品牌进行积极宣传。

◆ 增强与品牌制造商谈判的能力，特别是那些拥有统治性地位的制造商品牌对手的领域。

◆ 经营那些需要不断创新的产品，因为跟随型零售商不需要为失败买单。

高端型自有品牌质量取胜

乐购最好的巧克力比吉百利贵65%。

零售商并不仅仅将角色定位在前面章节讲述的传统的原始状态型和相似的跟随型卖场品牌的层面上，它们现在变得更有见地了。它们开始意识到跟随型战略虽然的的确确可以作为一个有力的工具来帮助它们对抗制造商品牌，但是却无法体现自己和其他零售商之间的差异。一旦所有的主流零售商都有同样级别的自有品牌（就像前面章节谈到漱口水的例子一样），并没有一个理由可以让消费者在这么多选择面前对你情有独钟。通常一个零售商品牌商品和另一个零售商品牌商品唯一的不同就是商标。[1] 为了避免这样的同质化现象，零售商开始在高端型自有品牌上加大投入。

“高端”自有品牌的出现是零售业最火热的趋势之一。当这种高端型自有品牌现象被大众和学术出版界都投入大量关注的同时，却很少有人严格定义这些自有品牌高端在什么地方，是和谁比较而言更高端；是质量上更高端，是价格上更高端，还是两者都有呢？是和领先的制造商品牌比较更高端，抑或是对传统的跟随型自有品牌商品来讲更高端呢？

高端型自有品牌的两种类型

从历史上看，高端型自有品牌的“高端”看起来更主要是相对于传统的跟随型自有品牌来讲的，而不是领先的制造商品牌。高端型自有品牌商品比传统的跟随型自有品牌商品质量上更好，价格上更高。然而和领先的自有品牌相比，它在广告上宣称质量更好而且定价更低。

在客观质量方面，高端型自有品牌商品比制造商品牌商品更好。但是在很多类别上，客观的质量评价也难免会相对主观。例如，难道

一个与众不同的噱头或者更精美的包装就代表了更高的质量？在大多数情况下，我们可以这样说：平均而言，高端型自有品牌商品在质量方面基本和制造商品牌商品持平，有时候更好一些。举个例子，Kroger的13个私家精选系列产品，即它的高端型自有品牌，获得了“优质家用品奖章”（Good Housekeeping Seal of Approval）；而Kroger的最大竞争对手之一Albersons则因为它的一个叫Origine的自有品牌白兰地酒获得了产业奖。[2]

高端型自有品牌和跟随型自有品牌重要的不同之处在于，零售商在质量上的不同并且在包装上绝不抄袭领先的制造商品牌。零售商们希望它们自己的高端型自有品牌区别于制造商品牌和其他的零售商品牌。

在高端型自有品牌中，我们发现了两种不同类型：

- “简化高端”自有品牌，如表2–1所示，它们倡导“物美价廉”。给消费者的定位是，在质量上与打折时候的领先的制造商品牌相当甚至更好。
- “价格高端”自有品牌则不同，与领先的制造商品牌相比，它们价格更高，质量更好。它们给消费者的定位是，用钱能够买到的最好的商品。

就像我们下面讨论所展示的一样，当“简化高端”自有品牌已经变得非常流行的时候，价格高端型自有品牌依然很罕见。

“简化高端”自有品牌——更好而且更便宜

“简化高端”自有品牌一开始都是以领先的制造商品牌产品为标

准，继而尝试以更低的价格提供更优的商品。如果零售商能够努力进行产品开发，并且通过营销手段让消费者感受到产品的优异表现，制造商品牌就没有什么好日子过了。这就是零售商自有品牌战略取胜的法宝。不考虑任何零售业形态和规模，世界范围内零售商的雄心壮志将由下面的几个例子充分展示。

想想史泰博，这个来自美国的办公产品和设备零售商，利用史泰博这个品牌销售上千种不同的产品，比如黄色的便易贴、不锈钢剪刀、激光打印机的硒粉，等等。负责供应链管理的执行副总裁总结说："我们的战略不仅仅是提供给消费者一个自有品牌产品进行选择，而是建立史泰博这个品牌。我们在产品上印上史泰博的名称和标志，质量比国际性品牌的产品更好，价格上也有一定的折扣。"[3]于是史泰博在产品研发中不断投入。在2004年，史泰博拥有了超过25项专利，并且雇用了前BIC的首席产品和包装设计师迈克尔·肯特（Michael Kent）。

Ukrop's是一家总部在美国弗吉尼亚州里奇蒙德市的连锁超级市场。负责产品种类管理的副经理总结Ukrop's"希望用更低的价格提供质量和国际化品牌相当或者更好的产品"。[4]相似地，好事多表示除非能够做到比领先的国际化品牌产品更便宜更优质，否则将不会推出标有Kirkland品牌标志的自有品牌产品。[5]

在"简化高端"自有品牌的起源地——欧洲，Albert Heijn超级市场的拥有者阿霍德集团声称，它们并不想将旗下的自有品牌定位为低档的折扣品牌，而应该是在价格、质量和独特性中取得平衡。当然Albert Heijn也希望自己的自有品牌在价格上能够比制造商品牌更加便宜，但是它们更希望和制造商品牌一样拥有产品的独特性和过硬的质量。[6]

同样，澳大利亚的 Woolworths 也提供“简化高端”自有品牌产品，将它们称为精选系列，在同种产品内提供最高质量的商品，并且比相同质量的制造商品牌产品在价格上有很大优势。[7]（Woolworths 这个品牌出现在诸如美国、英国、南非和澳大利亚这些不同国家，但是它们都是分属不同的公司，销售不同类别的产品，定位也不一样。）

Loblaws的President's Choice——“简化高端”自有品牌

加拿大零售商Loblaws拥有1 050家商店和500家附属商店，提供5000种自有品牌产品。自有品牌产品的销售额能够占到总销售额的30%。它高端的President's Choice品牌覆盖日用杂货、金融服务，甚至是移动通信服务。President's Choice品牌已经建立了令人印象深刻的消费者忠诚度。

President's Choice的目标是直接跟主流的制造商品牌进行竞争。在它的营销计划中并没有将重点放在价格竞争上面，而是更关注各个环节的质量和产品的前期准备。[8]比如它声称，President's Choice品牌的橄榄油是用“80年前种植的橄榄树上被日光充分照射成熟的橄榄经过一次性冷榨而成的”。同样，因为家乐氏（Kellogg's）谷类食品内有两勺葡萄干，President's Choice品牌的谷类食品中就装上四勺葡萄干，价格还比家乐氏定得低。[9]

为了和制造商品牌产品在质量和独特性上一较高下，Loblaws在市场开发上大量投入并不断加强与自有品牌产品供应商之间的紧密关系。例如，Loblaws的市场调查表明，消费者想要一种比市场领先者纳比斯克（Nabisco）的趣多多味道更浓的曲奇。President's Choice因此推出了Decadent牌的曲奇，它含有39%重量的巧克力碎粒，令

趣多多相形见绌。并且还用真正的黄油取代了可氢化的可可油，用高质量的巧克力代替了人造的巧克力颗粒。[10] 虽然仅仅在占加拿大20%零售份额的自己的店铺销售，Decadent牌的曲奇依然成为加拿大巧克力曲奇的市场领导者。[11]

Loblaws最初只是想将President’s Choice品牌作为跟其他零售商区别的工具。但是当这个品牌线开始流行起来的时候，这条连锁线开始向美国扩展，尽管Loblaws在美国甚至还没有一家属于自己的分店。[12] President’s Choice品牌的成功让沃尔玛受到了启发，并推出了自己的“简化高端”自有品牌——Sam’s Choice。

价格领先自有品牌——你能够买到的最好的

虽然大部分高端型自有品牌在价格上还是不同程度地低于领先的制造商品牌，但是现在的确有一些高端型自有品牌产品比制造商品牌产品价格更昂贵。很多消费者，尤其是欧洲的消费者，并没有瞧不起高端型自有品牌，而是愿意花更多的钱购买比制造商品牌产品质量更好的自有品牌产品。[13]

价格领先自有品牌更多地出现在欧洲，特别是像出现了玛莎、Sainsbury和乐购这样的零售商的英国。Sainsbury有一个名为Taste the Different的高端型自有品牌系列，与领先的制造商品牌和其他零售商在质量而不是价格上进行竞争。如何建立这样一个品牌是最大的挑战！在2005年，它覆盖了800种产品，销售额超过八亿美元。

玛莎是一家涉及服装、食品和家居产品的零售商，它专注于提供自有品牌产品。消费者认为玛莎提供的食品都是专业级别的食品，这

就让玛莎有能力在价格上超越其他对手。同时它的Per Una Due内衣和St. Michael服装也可以有很好的销量。玛莎这一品牌被认为质量非常优秀，70% 的英国消费者认为玛莎提供了比其他商场和连锁超级市场更好的质量。[14]

南非的Woolworths也遵循着同样的价格领先自有品牌战略。它专注自有品牌的发展，基本上所有标有Woolworths商标的食品和产品的价格都很高。因为这样的战略，Woolworths的销售对象是南非的高收入人群。

在美国，“维多利亚的秘密”女性内衣已经发展成为几个价格领先的自有品牌。这些品牌虽然比最高端的天价设计品牌便宜，但与主流的品牌相比价格更高。属于The Limited的维多利亚的秘密，在内衣、美容产品、睡衣、针织品和时尚服饰方面有许多自有品牌：Body by Victoria是用超细纤维或者棉制成的无痕塑身衣，Very Sex是挑逗型贴身内衣，Signature Cotton是日常穿着舒适的棉织品。维多利亚的秘密是美国排名第五的内衣品牌，有9% 的被调查者说她们喜爱这一品牌。[15]这使得它的1 000个店铺创造了30亿的销售额。

Tesco Finest：价格领先自有品牌

为理解价格领先自有品牌，我们考察了乐购的一些涉及Tesco Finest系列品种产品的价格战略（见图3–1）。例如，Minute Maid 和Tropicana 的橙汁定价比乐购的高端品牌 Tesco Finest 低！没有一个制造商品牌的定价高于Tesco Finest。

在全麦面包类别中，Tesco Finest售价为82便士，而制造商品牌Kingsmill只卖78便士。然而，这个价格还是低于Kingsmill高端的

图3-1 乐购品牌价格定位

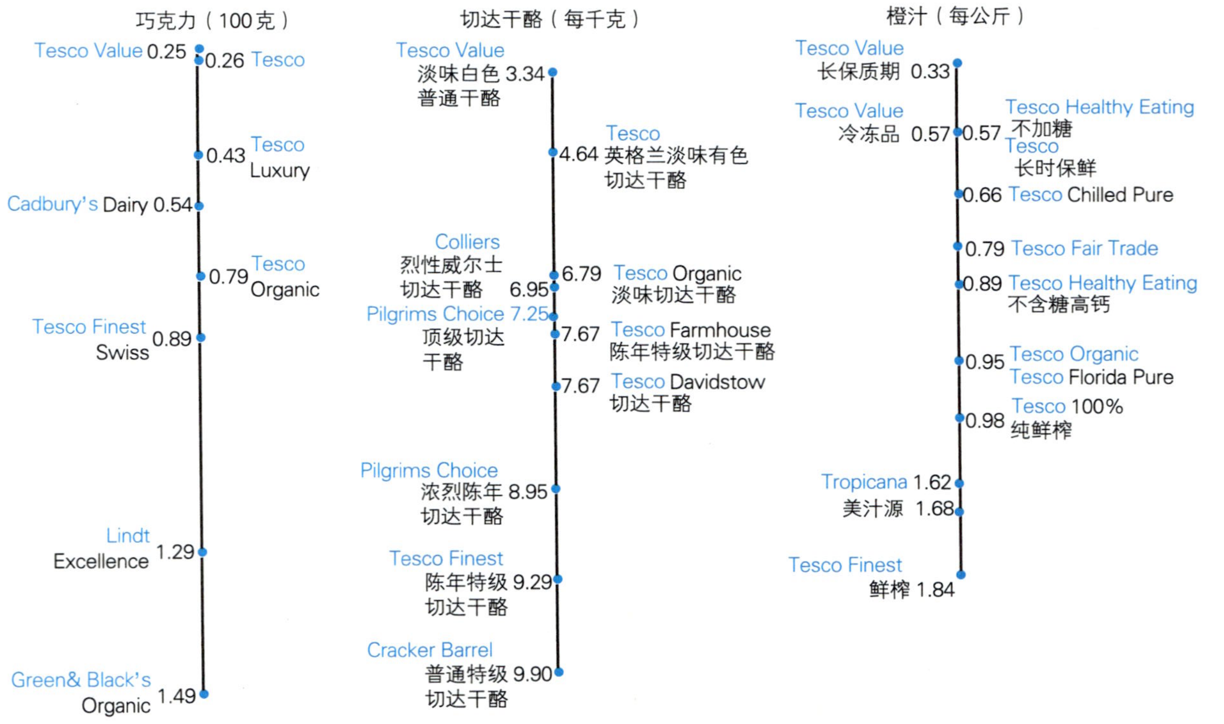

（续图）

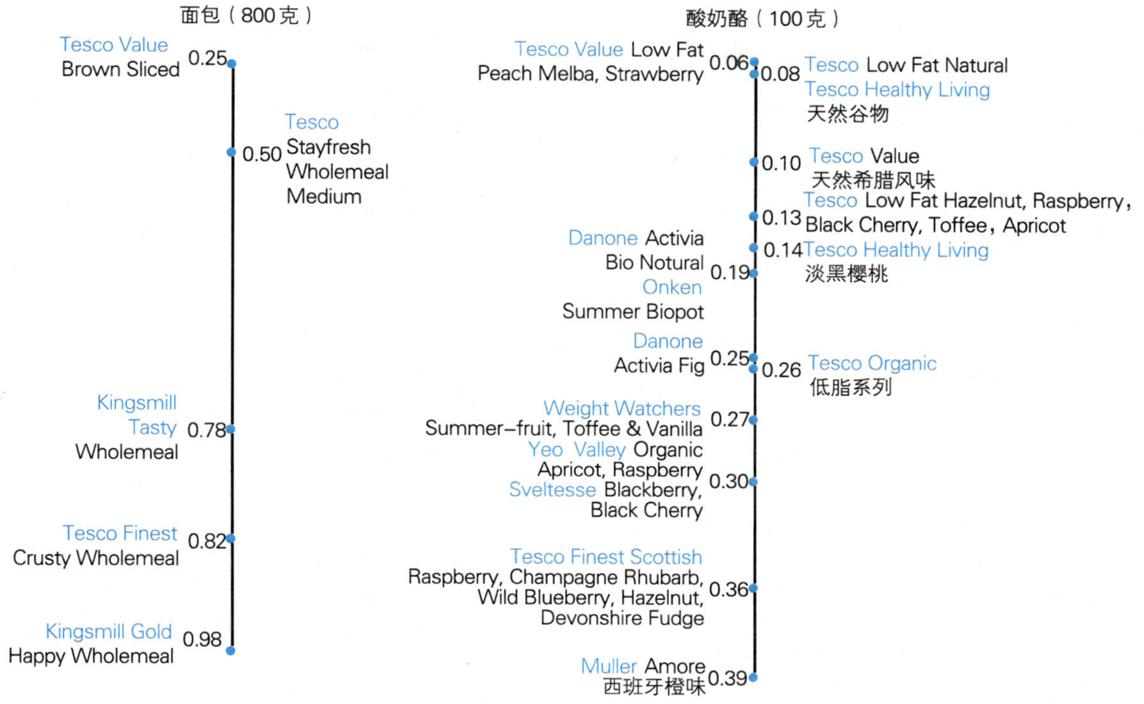
面包（800克）
Tesco Value Brown Sliced 0.25
0.50 Tesco Stayfresh Wholemeal Medium
Kingsmill Tasty Wholemeal 0.78
Tesco Finest Crusty Wholemeal 0.82
Kingsmill Gold Happy Wholemeal 0.98
酸奶酪（100克）
Tesco Value Low Fat Peach Melba, Strawberry 0.06
0.08 Tesco Low Fat Natural
Tesco Healthy Living 天然谷物
0.10 Tesco Value 天然希腊风味
0.13 Tesco Low Fat Hazelnut, Raspberry, Black Cherry, Toffee, Apricot
0.14 Tesco Healthy Living 淡黑樱桃
Danone Activia Bio Notural
Onken Summer Biopot 0.19
Danone Activia Fig 0.25
0.26 Tesco Organic 低脂系列
Weight Watchers Summer-fruit, Toffee & Vanilla 0.27
Yeo Valley Organic Apricot, Raspberry
Sveltesse Blackberry, Black Cherry 0.30
Tesco Finest Scottish Raspberry, Champagne Rhubarb, Wild Blueberry, Hazelnut, Devonshire Fudge 0.36
Muller Amore 西班牙橙味 0.39

Gold面包98便士的售价。Kingsmill成功地提升了它的这一品牌，并且把Gold系列与标准系列区别开来。

在牛奶巧克力棒方面，Tesco Finest每100克的售价是89便士，高于这个类别的领先者吉百利（Cadbury）（54便士），但还是远远低于像瑞士莲（Lindt）这样的专业品牌（1.29英镑）。同样，在切达干酪方面，Tesco Finest 每千克 9.29 英镑的定价高于 Colliers 和 Pilgrims 这样的著名制造商品牌，但还是比不上零售价高达 9.90 英镑的 Cracker Barrel 。

在新鲜食品和精加工食品类别的研究中，我们发现在所有这些类别中，零售商品牌因为能够实实在在地提供附加价值，售价都有能力比制造商品牌更高。例如橙汁，乐购能够保证它的橙汁都是新鲜压榨而成，这个优势就是制造商品牌无法轻松复制的，因为后者通常需要更长的物流周期。

为了建立一个高端型自有品牌，零售商自有品牌必须在不同类别定价高于部分领先的制造商品牌。然而，必须有一个特殊领域的专属品牌比高端型自有品牌的定价更高，这是因为大多数零售商都有一个大的整体市场战略。关键点是高端型自有品牌有时在产品类别中定价最高，但在更多情况下市场上还存在定价更高的制造商品牌。

乐购还将Tesco Finest品牌拓展到一些像沐浴护肤品、毛巾这样的非食品领域。一个令人惊讶的例子是Tesco Finest的白金信用卡。

管理一个高端型自有品牌

许多零售商现在提供质量跟制造商品牌相当或更高的顶级自有品牌。不管这些自有品牌定价是不是比制造商品牌更高，为了维护这些

高端型自有品牌，零售商们必须将注意力集中到产品开发上，并加大营销投入。

产品的提高

原则上，一个高端的自有品牌必须提供更高的质量并且提供独一无二的产品。通常，高端型自有品牌都是推出一些在世界上其他任何地方你都无法找到的具有独特性的自有品牌产品。例如，Trader Joe's的巧克力三明治曲奇就比它的老对手奥利奥拥有更好的质量。Trader Joe's的巧克力三明治曲奇不含有任何有可能增加冠心病发病风险的脂肪，而是加入了能够有益于食用者健康和保持食品新鲜风味的植物油。

同样，高端型自有品牌也能提供独一无二的风味。在酸奶类（见图3-1），Tesco Finest每100克售价是36便士，有苏格兰树莓（Scottish Raspberry）、德文希奶油巧克力软糖（Devonshire Fudge）、野蓝莓（Wild Blueberry）和大黄香槟（Champagne Rhubarb）多种口味。与此不同，达能的Activia Bio Natural售价为19便士，Weight Watchers定价为27便士，Yeo Valley 和 Sveltesse 也只卖30便士。在乐购只有一种品牌的酸奶定价高于Tesco Finest，这就是售价为 39便士的 Muller Amore Spanish。

和过去的原始状态型及跟随型简易的包装不同，这些高端型自有品牌有了令人印象深刻的改变。这样精美的包装并不是像跟随型的战略一样希望误导消费者，以使他们认为这些产品是制造商品牌，而是为零售商开拓了一个前所未有的定位。

设计如此独特的产品，添加如此特别的风味，进行如此精美的包

装，这些都需要零售商和市面上能够找到的最好的制造商充分合作。自有品牌产品制造商同样也需要投入部分时间进行研发，从而为零售商提供精美和独特的产品。只有自有品牌产品制造商和零售商之间的关系是基于彼此的信任和承诺或者通过合同规定的担保来保护自己的利益，自有品牌制造商才会这么做。因此，零售商推行高端型自有品牌战略并不是简单地用最低的价格外购自有品牌产品，而是必须基于自身的成熟。

提高市场营销能力

为什么零售商都这么急切地期望推出自己更好的产品？最重要的原因是零售商对于自有品牌的态度已经有了巨大的转变，它们越来越看重自有品牌了。现在大多数领先自有品牌零售商在定位上更加积极，产品制造也更细化。那种不论什么产品从流水线上下来，简单压上标签的时代不再回来了。[16]它们必须精心地在产品研发、市场研究、广告促销、包装设计等方面积极投入。为了迎合这样的战略，领先自有品牌零售商必须提高它们的市场营销能力。比如，乐购就从像联合利华这样的快速消费品公司招募了大量的市场营销人员。

美国商场JC彭尼就是零售商在自有品牌上进行投资的例子。它在自有品牌建设上面投入销售额的40%，和它的竞争者相比，这个比例是最高的。JC彭尼的旗舰自有品牌Arizona曾经状况不佳。为了挽回颓势，公司聘请了曾经在Geoffrey Beene和 Izod 主持设计海报的杰夫·伯格斯（Jeff Bergus）。他做了很多研究，发现Arizona的顾客的平均年龄是45岁，而不是JC彭尼公司想象的17到24岁。

为了转换 Arizona 的品牌形象，公司需要将设计师送到艾薇

尔·拉维妮（Avril Lavigne）的演唱会上去看看观众以获取灵感。Arizona投放了新的电视广告，画面为年轻模特穿着特别设计的粗斜纹棉布衣服和仅仅用纽扣装饰的宽松上衣。这些举措和市场上营销能力最好的制造商品牌并没有什么不同，都是将营销的重点放在最有效的团体。Arizona现在是JC彭尼旗下价值几十亿的品牌和扭亏为盈的重要力量。

高端型自有品牌战略

零售商有许多不同的高端型自有品牌战略，这使消费者更加容易认为这些产品代表着零售商的最高质量。不少零售商为了增加高端品牌的辨识度，都采用子品牌（subbrand）战略。比如荷兰零售业巨头Albert Heijn旗下的AH精选或者Safeway精选[品牌口号是“换换新的口味”（take a vacation from ordinary items）]，向大众表明这是它们的高端型自有品牌。同样，萨克斯第五大道百货公司（Saks Fifth Avenue）也有它的白金产品线，传说生产这些产品的厂家就是生产像阿玛尼（Armani）服装这样的意大利厂家。[17]

其他零售商采用一种分离高端品牌（separate premium brand）战略。这种战略的典型例子是：沃尔玛的Sam's Choice、A & P的Master Choice、Loblaws的President's Choice和Kroger的Private Select [品牌口号是“前进并宠爱自己”（go ahead and spoil yourself）]，这有助于高端产品线和标准产品线的区分。例如2001年投放市场的Shaw的Signature品牌，覆盖杂货、日记本、面包店和肉类等三百余种产品。选择Signature品牌高端产品意味着比选择制造商品牌至少节省了5%。而选择Shaw的标准产品则可以节省

10% ~ 20%。[18]

一旦零售商因为无法通过自身的能力让消费者认可自己的高端品牌的时候，有些零售商会和一个杰出的品牌制造商合作采取共同品牌（cobranded）战略。例如，好事多旗下 Kirkland Signature 的好几种产品就是和著名的制造商品牌共同合作的，比方说 Kirkland Signature牌的混合速溶咖啡是和星巴克合作的，糖果则是与好时（Hershey）和雀巢合作，谷类食品方面有桂格（Quaker），大型家电方面则是惠而浦（Whirlpool）。[19]相似地，美国超级市场零售商Publix高级冰激凌和 Butterfinger 有着紧密的联系。这种做法好的方面是使得卖场的高端品牌更有可能获得更高端的市场；不好的一面是，必须和品牌的共同拥有者分享利润。

另外一种方法是淡化高端品牌和卖场之间的关系。零售商在高端型自有品牌产品的标签上并不标示这些产品是自有品牌。因为不用受到社会大众对自有品牌的偏见影响，这样的高端型自有品牌可以有更高的定位和更灵活的定价。例如，为了维护高端的健康和美容护理阵线，Duane Reade 有 Apt.5，Fred Meyer 有 Curfew Colors，Albertsons 有 Identity，CVS 有 Essence of Beauty。Giant Eagle 公司为了满足消费者对于高品质意大利面食和相关产品的需求，推出了 Laurenti 这样的高端型自有品牌。这个品牌拥有30种产品，比它自己的中等品牌贵将近三分之一，但还是比制造商品牌便宜一点。

独立的高端型自有品牌战略的劣势是无法像紧密联系的高端品牌战略那样能够提升零售商商店的形象。购物者通常都认为这些高端型自有品牌商品都是独立注册的品牌，而不会联想到隐藏在它们背后的

零售商的名字。我们可以看看服装行业中Macy公司的Style & co品牌的例子，它们也同样卖其他的自有时尚品牌。听听经验丰富的购物者芭芭拉·哈克勒洛亚德（Barbara Harkleroad）对《迈阿密先驱报》（*Miami Herald*）说的话吧。[20]她说她曾经习惯于购买像Liz Claiborne和Jones New York这样的设计师品牌，直到她发现了Style & co品牌。她可以节省下一大笔钱，去购买品质相当的T恤或Polo衫，何乐而不为呢？但是当问到对Style & co的了解的时候，她却不知道它是Macy的自有品牌。

高端型自有品牌的排他路线

有时候零售商独一无二的品牌可能也对应着它们专属的设计者，比如玛莎·斯图尔特（Martha Stewart）设计的家用器皿专卖于凯玛特，雪洛儿·提格丝（Cheryl Tiegs）设计的服装只在西尔斯卖。Kohl's通常签一年的排他协议或者专利使用权转让协定，比如Quicksilver运动装针对Tony Hawk品牌或者Polo Ralph Lauren对于Chap男装的排他协议。严格地讲，这些都不能看做是零售商自有品牌，因为这些品牌是属于设计师自己的而不是哪个零售商的。然而不论怎样，在零售商的战略中，以上这一点也适用于高端型自有品牌。

美国的塔吉特曾经非常成功地运用排他的设计师品牌战略和它的竞争对手沃尔玛区分开来，并进行了有效的对抗。塔吉特的Mossimo曾经是它旗下一个专营男女服饰的商场品牌，现在却作为塔吉特Michael Graves家用器皿系列中的一员，只在塔吉特出售，并在消费者中大受欢迎。塔吉特的其他品牌还包括Sonia Kashuk的化妆品系列、Cherokee的休闲服装系列（仅仅允许在美国出售）、Xhilaration

的青少年服装系列、Calphalon的厨房用品系列、Waverly的家居装饰品和Woolrich的床上用品精选系列。它和希拉里·达芙（Hilary Duff，美国女演员和歌手）达成了一项排他协议，让她代言这个品牌的品位生活产品。它的迎合高阶层消费者的设计师包括设计专门用于塔吉特的艾萨克·米兹拉希（Isaac Mizrahi）和利兹·兰格（Liz Lange）。

塔吉特现在是美国仅次于沃尔玛的第二大零售商。它通过用更低的价格提供高端、时髦的产品，而在众多竞争对手中脱颖而出。它鼓励消费者“花更少的钱体验更多”（Expert more. Pay less.）。它致力于保持商品价格的一致性，并花大力气投入在店内的产品展示和货架布置上。这让塔吉特的高端型自有品牌能够比沃尔玛吸引更多、更年轻、更富有、更有时尚触觉的城市客户，毕竟如果单单比拼价格，谁都没有机会可以赢得了沃尔玛。

高端型自有品牌的优缺点

零售商自有品牌已经经过了漫长的征途，逐步消除了消费者心中那种便宜、质量差的卫生纸或黑白色简易包装的罐装豆子的陈旧形象。现在绝大多数零售商品牌都已经提升了质量、在消费者心中的形象和价格，更多地在性价比上进行竞争。有时候，像Tesco Finest 这样的例子证明的一样，高端型自有品牌在长时期内可以比像吉百利、达能和 Tropicana 一样的著名制造商品牌更加昂贵。

高端型自有品牌带来的好处

如果产品研发和市场推广的成本能够很好地控制，如果零售商能够让消费者相信高端型自有品牌产品拥有更好的质量，高端型自有品牌会给零售商带来高额的回报。就像图3-1所示，这些高端型自有品牌产品价格之高可以与制造商品牌产品相比，也就是说理论上，零售商在高端型自有品牌上的利润是非常大的。与制造商品牌相比，零售商不需要在高端型自有品牌上花费与之相等的广告费用，不需要作针对零售商的促销，也不需要保留自己的销售队伍。

像Tesco Finest、AH Excellent、Arizona和President's这样的高端型自有品牌已经在有特定购物习惯的消费者中间建立了一定的品牌忠诚度。沃尔玛旗下治疗糖尿病的ReliOn牌药品是另一个赢得消费者忠诚度的自有品牌的例子。ReliOn牌药品的忠实消费者无疑也会将沃尔玛当成他们理所当然的购物目的地。

高端型自有品牌同样也提升了零售商旗下所有自有品牌产品的形象。零售商在高端型自有品牌上的投资早就已经收回来了，因为在一向具有独立性的著名杂志《消费者报告》中，沃尔玛、Safeway、Winn-Dixie Stores、Albertsons和Kroger公司的许多高端型自有品牌都已经排入了诸如花生酱、金枪鱼、提子全谷麦片、冰激凌和草莓酸奶等很多类别的前10名。[21]

麦肯锡的一项研究显示，在零售业发展一个强大的自有品牌能够在财务上带来实实在在的帮助。[22]它对美国的四种零售商形态：大型超级市场（凯玛特、塔吉特、沃尔玛）、百货公司（Bloomingdale's、萨克斯、Neiman Marcus）、一般采购商（JC彭尼、西尔斯）和巨型零售商（Circuit City、百思买）的品牌力量（质量、独特性、连贯性）

进行了研究。在每一种零售形态中，零售商更高的品牌力量带来的效果是：每平方英尺面积的销售额更高。

高端型自有品牌的成本

随着零售商不断升级自有品牌产品，使之越来越接近制造商品牌，它们同样也开始面对制造商所遭遇的成本结构问题和风险。比如萨克斯第五大道在2004年推出了三个新的自有品牌，但是都没有达到预期的效果。萨克斯糟糕的销售表现迫使它推出了更高的折扣，这也降低了利润。

在2005年，美国史泰博销售规划专家、采购人员、设计师和包装专家会聚一堂，推出了六七百种新包装设计方案。[23] Supervalu创造并努力推销它的一个新品牌Carlita，以吸引西班牙裔美国人。Supervalu花了一年多时间进行市场研究，雇用了品牌顾问，并且高层管理人员还上西班牙语课。[24]就像制造商早就经历过的一样，零售商推出这样一个高端型自有品牌的成本是相当高的。而且不像品牌制造商，零售商想要收回这些投资有着更多的局限和更多的困难，因为它们只能在自己的店铺出售这些自有品牌商品。即使是世界上最大的零售商也仅仅覆盖30个国家和地区；相反，制造商则可以随心所欲地将自己的产品销售到世界上任何地方。

在许多产品种类中，如果没有树立无形的形象是很难取得一个高端地位。零售商的高端型自有品牌已经成功地运用了包装和诸如展示这样的店内交流来树立形象。大众媒体广告在建立品牌形象方面虽然不是不可或缺的，但同样也是很重要的。这些广告花费可不便宜，所以必须要求有很大的消费基础来分摊这些成本。

自有品牌：狼来了

虽然零售商不断深入地进入新产品研发和新品牌建设的领域，它们也不能忘记那些在新产品设计、开发、市场营销和销售上有着多年实践经验的品牌制造商。然而，大多数新产品和品牌都会失败。概括起来讲，随着零售商在产品研发和营销上越来越接近制造商品牌，它们也开始丧失原始的成本优势。

有选择地和高端型自有品牌进行竞争

虽然所有零售商都声称它们正在摆脱跟随型的形象，但是事实这更多地基于零售商的野心。不能否认今天的零售商不再仅限于抄袭制造商的产品包装，而是更多地进行自己的包装设计以提升卖场的品位。但是零售商品牌产品离有自己的独特性和比制造商更好的质量还有很大的距离。然而，还是比规则多了很多例外。零售商大多数自有品牌产品还是和制造商品牌的质量相当接近，也在可以接受的范围之内，但是价格更便宜。

零售商高端型自有品牌必须和制造商品牌有选择地进行竞争。成功构建强大的卖场品牌的零售商冲击了那些给自有品牌差别化机会的类别。自有品牌产品基于市场的需求而生，它可以填补民族食品、减肥食品和公平交易食品等的空白。[25]

价格领先自有品牌满足了消费者越来越多的寻找和为方便支付买单的愿望。在1996年，像生菜和土豆这样的生活必需品占零售商新鲜食品销售额的65%；2006年，这个比例已经下降到37%。取而代之的是，初加工食品如切好的菠萝、即煮即食的意大利面食和即食方便餐的比例从35%上升到63%，平均每年的增长率超过15%。[26]

章节要点

成功的高端型自有品牌

- 能够有效地使零售商跟其他零售商区分开，因此形成自己的卖场忠诚度。
- 在真实的质量方面超过制造商品牌。
- 提供独一无二的产品、成分和风味。
- 不再使用简单地模仿制造商品牌产品包装的跟随型战略，而通过有明显区别的独特包装来显现自身的不同。
- 积极地将价格定得和主流制造商品牌一样，甚至在某些产品类别中高于主流制造商品牌。
- 在销售宣传策略中，明确地向消费者传达它们的产品质量经得起考验这个信息。
- 蕴含一定的品牌形象。

拥有成功的高端型自有品牌的零售商

- 投入大量精力和物力在市场调查上，期望找到那些没有被品牌制造商满足的消费者需求。
- 并不是简单地找出那些成本最低的制造商来转包这些高端型自有品牌产品，而是找寻那些有着与众不同的能力的制造商。
- 通过以下几种方式来创建自己的高端品牌：

  ——通过在店名后面加上一个副品牌（例如Tesco Finest）来建立自己高端定位的品牌形象。

  ——通过一个无店名标识的独立品牌（例如The Limited Seven7牛仔裤）来凸显高端定位。

自有品牌：狼来了

——寻找一个在市场上拥有更高地位的伙伴（例如西尔斯的Cheryl Tiegs），通过共有品牌占领高端市场。

- ◆ 通过店内营销和大量媒体上的广告宣传来树立高端产品的品牌形象。
- ◆ 必须作严格的投资分析，不但要计算零售商是不是可能会拥有更高的利润率，还要考虑产品开发和营销的成本，以及失败和减价销售的风险。
- ◆ 找机会将自有品牌（例如President's Choice）卖给那些跟自己没有竞争的零售商，以获得足够的投资回报。

利用价值创新型自有品牌争夺理性消费者

阿尔迪430亿美元的销售额中自有品牌占有的比例为95%。

随着开始分析领先的制造商品牌成功的要素，并根据它们的发现进行再创新，零售商由此发展出了原始状态型和高端型自有品牌，它们发现除了简单地抄袭品牌产品，在其他方面也有机会。事实上，通过疯狂地压低产品各方面的成本，加之客观上的确增加了提供给消费者的价值，它们可以用更低的价格提供高质量或更高质量的商品。这包括剥离绝大多数像昂贵的包装费用和过剩功能这样的形象塑造环节。

这种价值创新型自有品牌中最成功的类型是像阿尔迪、Lidl和Netto这样的欧洲高折扣零售商。除了快速消费品产业外，瑞典的服装连锁店H&M和瑞典家具以及家居装饰连锁店宜家也利用这种战略取得了巨大的成功。在一些产品类别中，美国的沃尔玛和好事多也是这种战略的巨大受益者。当然在过去20年里，在欧洲零售商中，这个战略的先锋和最大成功者是阿尔迪。

阿尔迪——德国的高折扣现象

阿尔迪刚刚成为高折扣商店先锋的时候只不过是一家面积为15 000平方英尺（1000到1500平方米）的小商店。它仅仅有700个产品线，而一个大的沃尔玛大卖场有100 000个，一个典型的沃尔玛超级市场也有25 000个。阿尔迪专注于自有品牌，它们自己品牌的产品占90% ~ 95%的比例。世界范围内的7 400家商店可以带给它430亿美元的销售额。阿尔迪占有整个德国市场20%的份额。即使在美国，阿尔迪也有740家商店，更不要说它还拥有Trader Joe's连锁店。

自有品牌：狼来了

关键是有限的产品种类

阿尔迪的战略关键在于700个存货品目提供的有限产品种类。阿尔迪解释说，它们将重点放在那些更常用的产品上，并利用阿尔迪的自有品牌使在阿尔迪购物不但简单而且实惠。消费者再也不用为一排又一排除了品牌以外没有任何不同的产品而感到困惑了。阿尔迪对新鲜的肉类、鱼类或现场烘焙食品说不，虽然它也销售一些包装好的肉类和烘焙食品，但只限于很少的种类。于是，消费者也许需要去逛逛传统超市才能买到所有需要的物品。

虽然几乎将所有的注意力都投入到自有品牌经营上，阿尔迪的这种自有品牌战略也在不同的产品类别使用不同的品牌（事实上，都是些虚构的品牌），因为这样可以让消费者感到他们是有选择余地的。代替Coke，它们有Bueler Cola，除了舒洁（Kleenex）纸巾，它们还有Royal Avenue。它们还有Millville早餐谷类食品、Casa Mamita冷冻玉米粉圆饼和辣酱、Snack Rite饼干、Havana Lane巧克力冰激凌、D-san洗衣液、Goliath塑料包装纸、Beaumont咖啡、Oxi-fix除锈剂、Alio洗洁精、Kirkland鸡肉，等等。像Whole Food、Safeway和乐购这样的绝大多数零售商采取的就是这样大量品牌的战略，而不是同一品牌大量产品的战略。

为了让消费者在有限的选择中还能够得到购物的乐趣，阿尔迪提供了一项名为“惊讶之选”（Surprise Buys）的激动人心的非食品杂货类的购物活动。这些活动通常都在每周四举行，而且只限于存货售罄前。例如，阿尔迪自己的品牌Medion个人电脑，在英国的售价不到500英镑，笔记本电脑在德国的售价也不到1 000欧元。通过店内广泛的广告宣传推广，“惊讶之选”帮助解除了店内的拥挤状况，因为它们通常在几天内

就售完了，在一些极端的情况下，甚至几个小时就售完了。

低价格下提供最好的品质

阿尔迪渴望用令人难以置信的低价格提供最好品质的产品。这家公司通过严格提升产品质量和不断地从各个角度降低成本来达到目的。所有的产品都来自有着最高质量标准的顶尖供应商。这里只有一个例外——咖啡，它是阿尔迪自己的工厂生产的。通常，这些供应商都是在那些自身生产能力过剩的公司中处于领先地位。在独立实验室的分析检测之外，还有后续的内部质量测试。阿尔迪承诺所有店铺的每件产品质量都是有保障的。

在和绝大多数零售商店价格的比较中，阿尔迪都是胜利者。在澳大利亚，阿尔迪60米包装的Goliath塑料纸零售价是1.29澳元，Glad同样的产品是3.71澳元。在美国，好事多的双六片包装百吉饼（先蒸后烤的发面圈）卖3.45美元，阿尔迪的单六片包装百吉饼只卖99美分。同样地，好事多有一种用收缩性薄膜包装的8盎司重的酸奶，每盎司卖50美分，阿尔迪每盎司才卖29美分，还可以单独购买。在德国，宝洁的Ariel洗衣液在Edeka连锁超市每30片卖4.65欧元，汉高（Henkel）的Persil在麦德龙每30片卖5.79欧元，和阿尔迪每36片只卖2.99欧元的Tandil牌相比就没有那么受欢迎了。[1] 一篮子阿尔迪的产品比同样一篮子品牌的产品要低50%。

当然，上面说的价格上的比较并不能提供质量上差别的信息。但是这也就是阿尔迪特别成功之处。它积极地宣传它的产品在独立的质量评估单位的检测结果。例如在英国的网站，它有一个专门的网页刊登所有英国公众对阿尔迪品牌产品（表4–1中出现的精选品）的

评价。[2]在德国，它们的产品成功地赢得了独立的质量和品尝测试。结果，阿尔迪成了在德国最受尊敬的公司品牌的第三名，排在它前面的是西门子（Siemens）和宝马（BMW），令人惊异的是，这个名次排在戴姆勒克莱斯勒（Daimler Chrysler）的前面。[3]去年，89%的德国家庭至少光顾过一次阿尔迪。这就不难理解，一家德国工商杂志为什么引用Jacobs Coffee（现在是卡夫的一部分）的创始者克劳斯·雅各布斯（Klaus Jacobs）的话了——“我们最大的竞争对手就是阿尔迪。”[4]

表4–1　对阿尔迪品牌产品的赞赏

Medion Titanium MD8385 Base Station 每个499.99英镑	*Buy It guide, Computer Active* “如果你想在市场上买一台新的或是第二台个人电脑，阿尔迪Medion是另一个不能否认的好提议，是一个稳妥和良好的推荐。” 总体评价 ★★★★★
Soupreme Tomato Soup 27便士，400克	*Take a Break* “有一种猛烈的扑鼻香味，并且质地光滑。我爱它。请给我更多！”
Temptations Puff Pastry Twists 79便士，150克	*Woman's Own* “美味香脆、金黄色的馅饼卷，有浓郁的干酪香味。”乳酪棒口味测试的获胜者
Premium Gravad Salmon 1.99英镑，200克	*Family Circle* “它是质量很好的苏格兰熏鲑鱼……味道鲜美，价格也好。”
Ameristar Premium Lemonade 39便士，2升	*Chat* “在你开始喝之前，你可以闻到柠檬味。当你喝的时候，它非常可口。”——获胜者
Centanni Olive Oil 1.85英镑，750毫升	*House Beautiful* “在可付得起的价格上享受好质量的橄榄油。”
Bramwells Flame Roasted Tomato and Red Pepper Chutney 69便士，200克	*Good Food* “色彩十分鲜艳，并且番茄调味汁味道极好。”
Fletcher's Cream Sherry 3.29英镑，75厘升	Malcolm Gluck, Superplonk column, *The Guardian* “不同寻常的浅色太妃糖和法式焦糖布丁。”

（续表）

Chateau Selection Claret 2.99英镑，75厘升	International Wine Challenge 2003 & Robert Joseph's *Good Wine Guide 2004* “绵软，成熟，并且含有对饮用者有益的单宁酸。”
Worldwide Spicy Tomato Salsa 69便士，300克	*Best* 最好测试的获胜者
Ransome' s Vale Shiraz Petit Verdot 3.99英镑，75厘升	Oz Clarke © Brides/The Cond é Nast Publications Ltd. “世界上最粗壮结实的两种葡萄树造就了这个巨大的、味道浓郁的、蓝莓口味的在聚会上受欢迎的产品。”

资料来源：“What the Papers Say” page from Aldi's U. K. Web site（http: //uk. aldi. com）。

更低的系统成本

因为阿尔迪集中于那700个库存品目，所以每个库存品目的销售额比其他零售商要高得多，这也使它面对供应商时拥有更强的谈判能力。这种更强的谈判能力能够使公司从供应商那里获得更高的性价比。但是阿尔迪的价格优势并不基于付更少的钱给供应商，而是基于它和其他零售商运营成本的差异。换句话说，阿尔迪只是在把产品从供应商转移到消费者中间的效率更高。

阿尔迪从供应商那里购买的费用占到总成本的13% ~ 14%（物流、租金、管理费用、市场营销各占2%，雇员工资大概占5%）。相反，传统的超级市场，包括强大的沃尔玛，在每个环节的成本都是阿尔迪的两倍，这直接导致购买费用占总成本的比例是它的两倍（28% ~ 30%）。

为了保持高折扣定位，阿尔迪基本上都是在城市郊区或者不太繁华的地段购买场地，建造便宜的仓库，雇用最少的员工和用集装架取代货架进行展示。不像大多数的零售商那样采取地区定价策略，阿尔迪一个国家内的所有商店都采用统一的价格。阿尔迪骄傲地相

信这样能够表明它的信仰：不论消费者住在什么地方，他们都能用同样的价格买到同样的货品。这能够帮助消费者加深阿尔迪消费者冠军的形象。

收银台很宽敞，扫描速度也很快，就算是购买很多东西也能在很短的时间内处理妥当，还不会出现错误。消费者同样需要自己准备购物袋或者花很少的钱购买一个。消费者同样也需要为购物车支付一定的押金，这消除了雇员满停车场收集购物车的需要。

阿尔迪单单自己就占有整个德国自有品牌销售额的--半。当一个世界上最大的快速消费品公司的首席执行官参观公司的欧洲总部时，欧洲总部的董事会主席希望带他看看他最关注的竞争对手的情况。结果，他被带去了一家阿尔迪的商店。

阿尔迪模仿者

阿尔迪的成功带来了很多模仿者。它最成功的模仿者当属德国的Lidl & Schwarz，一个在欧洲拥有5 000家不提供不必要服务的商店，提供800种产品的集团公司。Lidl的自有品牌度并没有阿尔迪的95%那么高，它只有65%。但是它的总销售额和阿尔迪在同一个级别。通过效仿阿尔迪的经营方法，Lidl在某些市场可以挑战甚至超过它的竞争对手，比如说在法国、英国以及最近在德国。[5] 阿尔迪和Lidl停车场里停着的大量的梅赛德斯（Mercedeses）和宝马颠覆了只有穷人需要低价的传统想法，现在富人也爱低价。

在美国，有时候高折扣零售商也指像“美元商场”（dollar stores）这样的商业形式，它们每年正以14% ~ 17%的速度增长。据估计，

这种形式是加拿大和美国增长速度最快的零售形态。这种形态北美的领先者是拥有7 320家商场的Dollar General、5 466家商场的Family Dollar、2 735家商店的Dollar Tree、1 287家商场的Supervalu和有780家商场的阿尔迪。一方面美国的美元商场的核心市场是那些年收入少于三万美元的家庭，另一方面过去的六个月内年收入高于10万美元的家庭至少去过一次这样的商场。[6]

Save-A-Lot现在是美国增长得最快的零售商之一，如今1 200多家商店的销售额超过400亿美元。它的目标客户群是那些居住在城市里、被其他大超市和超型市场忽略的穷人。这个公司的价格相当低。根据一份来自孟菲斯地区的报告，Save-A-Lot的价格比沃尔玛同类的卖场品牌产品要低11%。[7] 例如，一磅香蕉在Save-A-Lot 卖29美分，沃尔玛的大卖场则要卖到48美分。这样的竞争让沃尔玛的首席执行官李・斯科特（Lee Scott）对投资者评论说："你永远不要低估高折扣零售商。"[8]

同美国的所有美元商场一样，Save-A-Lot和它的欧洲对手不同，它拥有更多的制造商品牌产品。不过它仅仅有1 250种产品，在每种产品类别中都只混合最好卖的制造商品牌产品。通过和最好的销售商合并分销中心，它有极其低的存货和存货周转率。利润和运营成本也通过减少无用的摆设而控制得很低，比如产品通过纸板盒子展示以及消费者必须为购物袋付10美分。高存货周转虽然使利润相对来说低一些，但也还是能够带来可接受的资产回报率的。

在美国，阿尔布雷特（Albrecht）兄弟（拥有阿尔迪）在1979年收购了Trader's Joe，并通过复制经营阿尔迪的方法使它非常成功。这些商店以很便宜的价格提供美酒佳肴。现在它已经拥有了250家商

店，从1990年以来，销售额平均年增长率为23%。它平均每年增加15到20家新商店，并且避免绝大多数的促销行为。它有80%的自有品牌加上采用机会主义的方法确定经营战略。Trader's Joe的采购经理在全球范围内搜寻便宜货，而且只有能够大规模采购的时候才能成功。因为产品每时每刻都在不停变化，消费者也是在商场里漫无目的闲逛的。然而像阿尔迪，它靠的是抓紧成本控制、低价格租用不定产和低利润价格。

H&M —— 价值创新型时尚品牌

瑞典的服装连锁店H&M创建于1947年。[9] 到了2006年，它雇用了将近五万名员工，在22个国家开设了1 200家分店。2005年的销售额为750亿美元，利润也达到170亿美元。H&M的经营理念就是用最合理的价格提供时尚服装。H&M有自己的采购和设计部门。为了能够提供最便宜的价格，它60%的服装来源于亚洲和其他低成本制造区域。它通过以下几个方法来获得最优的价格：

- 几乎不使用中间人
- 大规模采购
- 在设计、时尚和纺织物方面有广泛深入的知识
- 从合适的市场购买合适的产品
- 在每个阶段都有成本观念
- 有效率的分销

H&M商标

H&M的产品线包括男士服装、女士服装、儿童服装以及化妆品系列，目标人群是那些对价格敏感的顾客。虽然经营的都是自有品牌产品，但是H&M还是通过旗下一系列的自有品牌和子品牌来营造有品牌选择的感觉。例如，H&M的女士服装就包括像Hennes（25到35岁的女性）、L.O.G.G（休闲运动服装）、Impuls（年轻女性潮流服装）、BiB（加大号服装）、Woman（经典）、Clothes（当下流行潮流）、MAMA（孕妇装）和Rocky（少女时尚）这些不同的子品牌。同样地，在男士服装和儿童服装方面也有这样不同的子品牌。

和阿尔迪注重实用的产品和定位于大众家庭不同，H&M是一种截然不同的价值创新型自有品牌。因为H&M处于服装产业，更多地定位于年轻人，所以它没有办法将自己的形象和注入品牌的情感从产品中分离出来。因此，H&M将收入的5%投入在广告上。它鲜明的广告宣传活动以名人为特色，比如帕梅拉·安德森（Pamela Anderson）、克劳蒂亚·希弗（Claudia Schiffer）、强尼·戴普（Johnny Depp）、纳奥米·坎贝尔（Naomi Campbell）、杰瑞·夏尔（Jerry Hall）和麦当娜就穿着它的低成本服装。H&M的广告从一开始就给整个产业带来巨大的震撼，因为它先让名人们穿着光鲜亮丽的高档服装出现，然后突然出现H&M的商标。这些名人广告通常出现的都是H&M的低价服装——例如著名的纳奥米·坎贝尔的广告牌上，她穿的就是价值10美元的泳衣。当年轻人开始偷盗H&M广告画的时候，公司开始免费提供这些广告画。最近的事情是，明星设计师卡尔·拉格菲尔德（Karl Lagerfeld）和斯特拉·麦卡托尼（Stella McCartney）专门设计的珍藏系列更是在消费者中持续引起轰动。

用宜家风格管理一个价值创新型自有品牌

宜家——家具和家居装饰零售商，遍布33个国家，年销售额超过180亿美元。低制造成本和低运营成本的共同作用使宜家能够用令人难以置信的低价格提供风格化的家具。像阿尔迪和H&M一样，宜家综合了这两种成功价值创新型自有品牌的经验。

持续降低成本

虽然像宜家、阿尔迪和H&M这样的价值创新型零售商品牌从一开始就有很低的价格，它们还是持续地致力于成本控制。制造成本的降低从产品周期中一个新的项目构思产生和购买中就开始了。在新产品的案例中，当公司学会怎样用更有效率的生产方式和用便宜的原料取代昂贵的原料来降低价格时，价格降低能随着时间的流逝变为现实。例如，在宜家，一个基本的Pöang 椅子，从2000年的149美元先降到了2001年的99美元，继而在2002年降到了79美元。[10]

在宜家，价格并不上涨而是持续地下降。虽然宜家的价格通常比它的竞争者低30% ~ 50%，但是比起2004年来说，2005年所有类别的平均价格还是降低了2%。

相关运营费用的节省是关键

为了维持低价，宜家要求消费者在购物过程中自己服务、自己包装和自己负责运输。这帮助公司通过取得比那些传统的家具零售商更低的系统成本。[11]

传统的家具商店通常伴随着昂贵的独立设计师、高半成品存货、

图4-1 宜家独特的价值网络

	设计	零部件	组装	物流	营销	服务
传统的家具商店	· 独立的设计师 · 精致复杂的设计	· 高生产过程中的存货 · 手工订做	· 劳动力密集 · 需要建立顺序	· 昂贵的运输 · 完成品巨大	· 分离的 · 昂贵的繁华商业大街橱窗展示	· 全程服务 · 小批量运往客户家
宜家	· 内部设计师 · 为价格而简单设计	· 有标准组件可互换的零部件 · 大量生产 · 新的、更便宜的原料	· 顾客自己动手	· 计算机化 · 运输标准组件	· 利用斯堪的纳维亚形象的杠杆作用 · 便宜的效区展示	· 自我服务 · 客户自己运回家中

资料来源：Nirmalya Kumar, *Marketing as Strategy* (Boston: Harvard Business School Press, 2004), 183。

劳动密集型的手工制造、完成品的运输和储存、独立的营销、不菲的零售场所、精心的展示和昂贵的物流费用。像图4–1所示，宜家则使用价格敏感的店内设计、可替换部件、大规模的部件生产、零部件存储（不使用更昂贵的完成品存储）、密集的物流信息中心、本身的斯堪的纳维亚形象、相对便宜的外围零售场所和简单的展示设备，并将最终的包装运输过程转嫁给消费者。

价值创新型模型的评价

价值创新型模型的核心竞争力是通过不可超越的价格优势提供高质量的产品。和那些竞争者相比，价格上巨大的优势并不仅仅是节省产品相关费用形成的。和绝大多数销售制造商品牌的传统零售商相比，价值创新型零售商除了通过产品成本控制，还在运营方面节省了不少钱。然而，在产品质量上是绝不妥协的。

这些更低的产品和运营成本让价值创新型能够在不伤害自己本身利润的基础上提供最优的价值；相反，到底传统的零售商能不能在它们价格第一的自有品牌上获得合适的利润倒是很值得怀疑。然而，价值创新型零售商却是这个世界上利润最丰厚的企业之一。例如，阿尔迪的未计利息、税项、折旧及摊销前利润（EBITDA）超过销售额的6%，比家乐福和阿霍德这样的零售商要高。价值创新型零售商创始人的个人财富也证明了这种零售模式利润丰厚，比如宜家的英格瓦·坎普拉德（Ingvar Kamprad）的个人财富是230亿美元，阿尔迪的卡尔和西奥·阿尔布雷希特（Theo Albrechet）为185亿美元和155亿美元，H&M的史蒂芬·皮尔森（Stefan Persson）为110亿美元。

有目标的定位

然而，价值创新型模型成功的关键因素同样也是它面临的主要挑战。其中一个成功的因素是精确目标的定位，因为这可以帮助实现物流的高效率和附加价值链的其他阶段。并不是抱着将所有的东西卖给所有人的理念，这些零售商集中关注一个相当精确的有限消费者群体。然而，这些更成功的价值创新型零售商也因此变得没有什么空间去发展，因为这些特定的消费者群体早已经变成了它的消费者了。只有有限的消费群体——虽然阿尔迪证明了，然而在德国包装商品却是一个相当大的市场——能够有效地服务。

为了保持增长率，价值创新型有两条路可选：一是定位新的消费者群体；一是国际化扩展，将它的概念全球化。如果选择前者，这有可能让它丧失以前定位的群体。当我们一个作者被他的女儿拽入了当地的H&M商店时，那些震耳欲聋、扑面而来的音乐和混乱的场面让他不得不退了出来，这充分证明了定位新消费群体的难度。

第二个选择就是国际化拓展。就像宜家已经证明的一样，在瑞典的家装市场外，宜家在其他国家的市场上也有着同样的特定消费群，即使是在家具和家居装饰这样相对本地化的产业。但是不能忽略的是，国际化扩展也会带来风险，也可能会增加管理、物流和其他系统成本。宜家在美国花了几十年才开始赢利，可以清楚地证明，即使是世界上最精于价值创新的零售商往往也可能会在这方面步履蹒跚。

购物的成本

购物的成本不同于购买的成本，价值创新型零售商的顾客将会支付更高一些的购物成本。因为价值创新需要降低运营成本，它们跳过

许多提供给消费者的功能，并要他们作出一定程度的牺牲。例如，因为阿尔迪只提供很少种类的产品，它的顾客可能要去其他的商店买一些值得购买的制造商品牌——“我愿意购买阿尔迪的干意大利面食，但是却不想要它的可乐和其他并不是由阿尔迪品牌推出的产品（比如新鲜的鱼等）”。光顾多个商店在时间和效果上都是很节省的，但是却增加了购物的成本。

或者看看宜家的例子。一旦消费者最终排完了无休无止的结账长龙，他们还得要自己把购买的家具运输回家。接着还要花大量的时间去弄明白那些很难理解的说明书，独自将那些家具组装起来。

价值创新型也许倾向于降低购物的成本——例如，不但在广度（更多种类）上，而且在深度（更多的存货品目，包括制造商品牌）上扩大它们的销售种类。随着Lidl在某些市场上取得更大的成功，阿尔迪也开始和领先的品牌制造商进行谈判，来扩展它们在每个分类中的品牌数。然而这样也给它成功的基础带来了损害。

章节要点

成功的价值创新型自有品牌

◆ 客观上质量和制造商品牌相同，然而通过不断寻求降低自身价格，形成不可动摇的价格优势。

◆ 不追求在产品质量上超越对手，而是致力于通过缩减处理成本（例如，较低的企业一般管理费用、有限的分类、最小限度的展示、雇用较少的员工、有效率的物流）来取得更低的价格。

◆ 避开像昂贵的包装这样的形象环节。

◆ 鼓励独立的质量评定。

◆ 创造各式各样的自有品牌，以让消费者在自有品牌占优势地位的环境中感到自己是有选择的。

◆ 通过更高的资产周转率和增长潜力来补偿较低的利润率，给所有者带来丰厚的回报。

◆ 给消费者转移很多购物环节。

◆ 注重那些服务水平不足的目标市场。

◆ 不太远离这个目标市场，以规避丧失竞争成本优势的风险。

用零售商品牌组合包围制造商品牌

沃尔玛每年自有品牌组合销售额为1 150亿美元。

因为每一个单独的自有品牌都必须是原始状态型、跟随型、高端型和价值创新型这四种形态之一，所以绝大多数零售商都通过品牌组合来运营，这可以同时运行多种类型的卖场品牌。通过自有品牌组合，零售商可以同时进入多种不同的领域。传统上，对整个市场精明的划分是品牌产品制造商所擅长的领域。然而现在，零售商完善了成熟的混合细分战略，以构建它们的自由品牌组合。

组合细分战略

我们细致研究了三种组合细分战略，分别基于价格、品类和利润。

基于价格的市场细分

一个基于价格的细分品牌组合至少需要两三个卖场品牌帮助占领不同的价格段。欧洲零售商，特别是超级市场，现在执行一种三层次的自有品牌战略，分别是低端、中等或标准，以及高端卖场品牌。例如英国的Sainsbury就有一个名叫Basic的低价格产品线，Sainsbury 标准的产品就叫Sainsbury，而高端的产品都归于 Taste the Difference之下。这样的三层次价格细分让主流的超级市场有资本来和高折扣零售商以及品牌制造商这两个已知对手进行对抗。在西班牙，家乐福用一种恰当的方式证明了这一点。在它的每个店铺门前，都放置着三个满载着货物的购物篮，它们都贴有购物收据，于是所有人都可以看到购物的总价。一个装满了制造商品牌产品的购物篮总价是 72.67 欧元，一个装满了跟随型品牌“家乐福”产品的购物篮总价是 45.47 欧元，而一个装满了它的价值品牌“1”的产品总价只有

29.06 欧元。这样的展示传递给消费者这样的信息：如果你是价格敏感的人，这里有和阿尔迪一样便宜的东西；如果你是品质追求者，可以在这里买到制造商品牌的产品。

基于品类的市场细分

以品类细分自有品牌通常扩展到很多不同的产品，但每个品牌一般都只在一个特定的产品品类中。虽然不是必然的，但是常常都是一种多品类自有品牌战略——就是说，不同品牌的产品一个挨一个摆在货架上，根本看不出品牌间的相互关系以及与零售商的关系。因为它们不是同一个品类，所以相互间没有竞争。品牌在一个品类中的跨越可以帮助传达独一无二的品牌联系和好处，这对正在讨论的品类是非常重要的。这在当零售商和品类没有明显联系或品类间有冲突的情况下是有优势的（例如，多用途清洁器的卖点是功能表现，而化妆品则是形象）。

例如，世界上最大的运动设备零售商 Intersport，在全球25个国家有4700家分店，但是却没有真正拥有一个可供消费者辨识的统一品牌。[1] 因为它发展的是品类品牌，如服装方面它用的是Etirel，网球它用的是 Techno Pro，自行车使用 Nakamura，冬季运动则使用 McKinley，这样在其中任何一个品类中，大家都可以联想到各自的品牌形象，而不至于混淆。

另外一个以品类细分自有品牌的好处是可以帮助到像阿尔迪、宜家和 Gap 这样严重依靠自有品牌的零售商。它们可以创造大量不同的自有品牌来给消费者营造一种自己有选择的感觉。在历史上，这是法国零售商 Intermarché 的做法，它有240个自有品牌，包括奶制品的

Paturages、非酒精饮料的Paquito，还有保健与美容的May和Apta。消费者通常觉得这些是Intermarché为了它们的质量和更合理价格从第二国家品牌中精选的。[2]

美国的Whole Foods也有一系列的自有品牌。它的365 Organic Everyday Value品牌针对那些价格敏感的消费者，与此同时，它的Authentic Food Artisans品牌则瞄准那些高端的美食家。不过其他品牌都是基于品类细分的，包括Whole Kitchen（冷冻食品）、Whole Treat（甜点）、Whole Catch（鱼类）、Whole Ranch（肉类）、Whole Kids Organic（儿童食品）和Allegro（咖啡）。

基于利润的市场细分

基于利润的市场细分战略，是建立在根据消费者价格敏感程度和品类形态不同而产生的特殊需求上的单独自有品牌。零售商必须感受得到消费者生活方式和需求的变化。例如，公众对于食品安全和健康关注度的增加意味着有机食品和健康食品会更加流行。作为回应，Kroger最近推出了一个叫Naturally Preferred的专门提供高质量天然和有机产品的自有品牌。

像低碳水化合物食品的流行、食物过敏的增加和素食主义的流行，这些趋势开始改变消费者的消费模式。更长的工作时间和女性工作者占有更大比例的事实，增加了人们对于无论是洗过的沙拉还是现成的饭菜这类各种程度的方便食品的需求。根据消费者的不同需求，在如有机、健康生活、无污染、公平交易和低脂肪方向建立自有品牌，可以让零售商有效地提供给消费者他们想要的生活方式。

比方说，Sainsbury就有两个基于利润细分的自有品牌：Be Good

to Yourself 和 Blue Parrot Café。自从1999年至今，Be Good to Yourself 已经包含了超过200种产品，这些产品都有同样的一个宗旨：通过提供低脂肪和低热量的美味食品，帮助你获得更健康的生活方式。这个品牌保证低脂肪和低盐，不高于标准产品的含糖量，只添加过动儿保护组织（Hyperactive Children's Support Group）允许使用的色素，以及严格限制添加剂。产品包装上也有明确的标签，消费者可以清晰地看到包括脂肪含量在内的所有营养含量。

Be Good to Yourself品牌使消费者购买低脂肪食品时更加容易和轻松了，消费者忠诚卡显示，这些Be Good to Yourself 的顾客已经成为Sainsbury非常有价值的客户了。不同产品种类但始终如一的包装和店内促销提高了产品的可见度。加之这个品牌向消费者保证产品在低脂肪的基础上口感还不变差。这主要是针对那些女性消费者，特别是那些既想在低脂肪减肥产品中受益又不打算牺牲食品风味和方便的母亲们。这个品牌取得了高度的成功，在1999年名列英国最顶尖的25大品牌之一。[3]

Sainsbury的Blue Parrot Café包括250种产品。2000年这个品牌开始出现，定位于那些关注自己孩子食品营养成分的消费者群体。该品牌同样基于这样的一个认识：孩子影响着一般家庭的购买决定（通常叫做"纠缠力量"）。这些产品保证在口感好的基础上有更高的营养价值，旨在吸引那些5到11岁的儿童。Blue Parrot Café的"目光雪亮承诺"（Beady Eye Promise）是保证食品都有严格的色素和防腐剂限制，只保持天然的口味，控制脂肪和盐的含量，不使用增鲜剂，消费者还可以选择购买含有食糖或是人工甜味剂的产品。包装上醒目地显示了产品的营养素和成分含量。

法国的家乐福则体现了另一种形式的基于利润的细分。它的价值产品线（“1”）和标准家乐福卖场品牌都包含几个狡猾的针对特定利润群体的自有品牌：Reflets de France为了满足本地的纯正需求；Carrefour Bio是针对那些关注环境问题的消费者；Escapades Gourmandes是为那些想避免吃特制鲜美食品的消费者准备的；J’aime 是针对那些有健康和瘦身需要消费者的产品；Destination Saveurs 是满足那些想有新奇、意外的国外经历的消费者需要的国际产品。

复杂的自有品牌组合

领先的自有品牌零售商，特别是那些大卖场和超级市场，通常将原始状态型、跟随型和高端型三种自有品牌形式和价格基础、品类基础及利润基础三个细分形式合并起来，创造一种复杂的自有品牌组合（见表5–1）。沃尔玛和乐购就是管理多品牌组合实践中两个最成功的例子。

沃尔玛

凭借着2005年3 160亿美元的销售额和110亿美元的净利润，沃尔玛已经成为全世界第二大公司。它对于自己能够为消费者提供最有价值的产品而自豪，它的座右铭是：“永远低价，永远。”（Always Low Prices. Always.）。它在10个国家的5 000家分店每周可以吸引一亿的顾客来消费。沃尔玛的创始人山姆·沃顿（Sam Walton）在1992年去世时还是世界上最富有的人。2005年，全球最富有的15人

中有5个人跟他有着密切的关系：他的遗孀和四个儿子。

表5–1 零售商自有品牌组合

零售商	零售商推出的一些自有品牌例子
Macy's（商店）	I·N·C（年轻人的时尚服装）、Charter Club（女性服装）、Tasso Elba（男士服装）、Style 2（男士服装）、Club Room（男士服装）、American Bag（男士服装）、Hotel Collection（床上用品）、Alfani（西装）、Tools of the Trade（炊具）、The Cellar（套装餐具）、Greendog（儿童服装）、First Impressions（婴儿服装）
Kohl's（商店）	Sonoma（浴具、床上用品、餐具、家居装饰、炊具、服装）、Croft & Barrow（女式服装）、apt.9（流行服装）
Walgreens（药店）	Deerfield Farms（谷类食品、干果、糖果、小吃）、Secrets of Paradise（沐浴用品）、Land Before Time（儿童维生素、尿布）、Walgreens（针对个人的药房）
家得宝（DIY）	Hampton Bay（吊扇、照明、户外生活用品）、Behr（漆）、Mills Pride（橱柜）、Glacier Bay（厨具、浴具）、Ryobi（电动工具）、Ridgid（电动工具）、Toro（户外用品）
7-Eleven（便利店）	Big Eats（熟食和烘烤食品）、Slurpee（饮料）、Big Gulp（饮料）、Quality Classic Selection Spring Water、Santiago Cerveza de Oro（啤酒）、Big Brew（咖啡）、Big Bite（热狗）、7-Eleven Speak Out Wireless Service（移动电话）
Office Depot（办公用品）	Office Depot（办公用品、打印机和传真机、环保办公家具、信用卡）、Viking（办公产品）、Nice Day
玩具反斗城（玩具）	Animal Alley（长毛绒）、Fast Lane（玩具小汽车和卡车）、Fun Years（音乐玩具）、Especially for Baby（婴儿家具和附件）、Dream Dazzlers（盛装打扮的娃娃）
Rite-Aid（药店）	Pure Spring（沐浴美体）、Soaked in Tickles（儿童产品）、Salon Plus and Style Masters（美容护理）、Umberto Giannini（护发产品）
Limited Brand（服装、美容和个人护理）	The Limited（服装）、Express（服装）、Victoria' s Secret（女式内衣）、Bath & Body Works（个人护理）、Henri Bendel（女式内衣）、PINK（女式内衣）、C.O.Bigelow（个人护理）
迪卡侬（运动商品）	Decathlon Cycle（自行车）、Domyos（健身器材和服装）、Inesis（乒乓球和高尔夫球）、Tribord（水上运动）、Quechua（登山运动）、Kipsta（团体运动）

山姆·沃顿在1962年开办了第一家沃尔玛折扣城市（Wal-Mart Discount City）商店。这个商店的原型是一家不提供易腐烂品的折扣商店，面积换算下来也就大概100 000平方英尺。到了1998年，沃尔玛开始模仿法国家乐福的形式，开办了特大购物中心，混合了超级市场和折扣商店两者的特点，面积则超过它们的两倍大。特大购物中心包括了特殊的店铺，满足了那些通常喜欢一站式购物的家庭需要。很多传统的折扣商店都转型为特大购物中心了。最近，更小型社区超级市场辅以郊区的大型购物中心的形式也正在试行。最终，Sam's Club成为一个仓储式俱乐部，集中了大量的最小库存单位，但是用极低的成本运输它们。

沃尔玛最开始的重点是放在制造商品牌上的，但是现在它大概销售40%的自有品牌。1992年推出的自有品牌Great Value Line拥有350种各类杂货产品。同时它一开始就推行“仿造”（me-too）的等价物，这个品牌因为它的创新而迅速广为人知，因为它涵盖的产品都是一些市场上没有出现过的产品，比如无乳糖奶粉、低糖橙汁（为低碳水化合物减肥者设计）和微波加热的火鸡肉汤。它推出的产品都是针对那些特定的消费群体，比如专为西班牙人居民区提供的水果饮料，或是地方特色食品，比如南方特有的什锦饭以及红豆米饭。[4] Great Value 在2005年有超过50亿美元的销售额和1 300种产品，已经成为美国杂货市场上最畅销的品牌。为了打入关注品质的那部分市场，在20世纪90年代后期，Sam's Choice 作为一个高端的杂货品牌应运而生。

除了基于价格的市场区分外，沃尔玛也成功地完善了一个品类区分的自有品牌组合。它最成功的一个品类区分自有品牌就是Ol'Roy

狗粮。这个以山姆·沃尔顿最喜爱的猎犬命名的Ol'Roy针对狗一生中五个不同的阶段有五种固体食品的配方，同样还拥有液态食品，以及像Moist & Meaty、狗饼干和肉干等特色产品。在2004年，它是美国销量第一的狗粮产品。营养和国际性品牌一样，价格则实惠很多。

在出售自有品牌服装方面，沃尔玛有代表流行趋势的George和代表经典的Faded Glory。George是由沃尔玛在英国的Asda店铺推出的，在国际上声称在男士服装类中拥有最高的性价比。Faded Glory有30亿美元的销量，并被《消费者报告》评选为最合身的牛仔裤。与此同时，拒绝让沃尔玛销售它品牌牛仔裤的李维斯被曝光牛仔裤销售额从70亿美元下降到40亿美元。[5] 沃尔玛旗下的Equate健康护理产品包括：剃须膏、肥皂、头发护理产品、非处方药和验孕产品。沃尔玛同样拥有它自己的电器品牌——Durabrand，生产电视、CD唱机、环绕音响系统和相关产品。

沃尔玛自有品牌的份额在16个品类中均名列第一，这个成绩超过在美国的其他所有零售商。[6] 但是它只是在某些特定品类方面比其他零售商更成功。在如早餐肉、垃圾袋、冷冻海鲜和冰激凌这些产品中，沃尔玛只是尝试占领平均或是低于平均水平的自有品牌份额。

乐购

乐购是由杰克·科恩（Jack Cohen）于1924年在伦敦创建的，他信奉这样一条金科玉律："堆得高，卖得贱"（pile it high，sell it cheap）。在上世纪90年代中期，它一跃成为英国领先的超级市场，2005年的销售额高达710亿美元，税前利润超过30亿美元。其中的食品生意主宰着它的销售，而非食品生意（包括服装、家庭娱乐、文

具、新闻报纸和杂志，以及健康和美容产业）贡献了110亿美元的销售额。它同样也开展零售服务业务，包括在线购物、个人理财和电信服务。

在13个国家，乐购拥有2 365家店铺和35万名员工。在英国，它有四种不同的零售形态：Tesco Express，通常都是社区的便利店；Tesco Metro，在城市中心地区供工作场所的购物；Tesco Superstore，方便每周固定的购物；Tesco Extra，一般是郊区的大卖场，同时出售非食品产品。

乐购能够成功的核心因素是它的12 000种自有品牌产品，10年前这些产品只占总收入的27%，现在则超过50%。乐购使用基于价格、品类和利润三个细分形式来创造自己的品牌组合，并深入它在英国的市场。乐购品牌体系如图5–1所示。

图5–1　乐购品牌体系

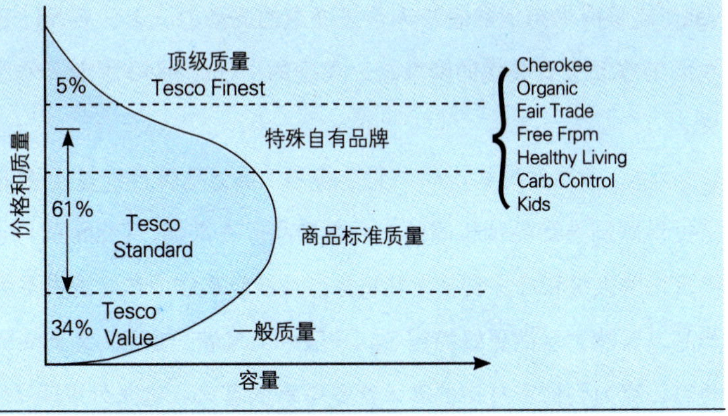

资料来源：改编自Jan-Willem Grievink, "Retailers and Their Private Label Policy"（presentation given at the 4th AIM Workshop, June 29, 2004）。

自有品牌：狼来了

乐购拥有卓越的价格细分体系，它可以吸引那些关注预算以及不太在乎价格但是关心价值的消费者。[7] 乐购有三种价格层次的自有品牌：Tesco Value（低价格）、Tesco（中等或标准质量）和Tesco Finest（高端）。如表3–1所示，这三种价格线像钳子一样夹住制造商品牌，通常不仅在低层次击败了它们，在高端也让它们饱尝苦果。

Tesco Value Tesco Value是在1993年为了回应阿尔迪进入英国市场而投放的品牌，包括为中等家庭准备的41种日用品和食品原材料。发展到现在，它下面已经包含了超过2 000种产品。Value产品线被理想地运用，使得近些年在英国，降价的压力占据上风。零售商们为了赢得相互间战争的胜利而不断降低价格。从2004年4月到2005年4月，乐购在降价上的投入超过了5 000万美元，并且还准备投入1 200万美元。最初的那41种产品的价格已经下降了三分之一。用乐购营销总监蒂姆·梅森（Tim Mason）的话说就是："最近几周媒体都在不停谈论'议价英国'（bargain Britain）的话题。我相信Tesco Value能够成为给消费者带来价格优惠的驱动力。这就是为什么现在我们销售低于五英镑的熨斗、三英镑的牛仔裤和40便士一公斤的土豆。"[8]

Tesco Standard和Finest 它的标准Tesco品牌目标是用更低的价格提供跟制造商品牌相同的高质量产品。在高端，Tesco的Finest提供真正的大餐和冷冻食品，并将重点放在给高端消费者提供更优质的产品，当然也包括更好的包装。一般手上拿着一盒Tesco Finest的比利时巧克力到你家拜访的客人都是尊贵的客人。这充分说明了Tesco Finest是一个多么高端的品牌。Tesco Value和Tesco Finest都大受欢迎——有趣的是，它们的消费者并不是相互排斥的，77%的消费者

同时购买两种不同定位的品牌。乐购现在还在想方设法把旗下各种各样的自有品牌有效地区分开来。

利润基础的乐购子品牌 在重要的食品和已加工肉类方面，乐购为它的标准Tesco牌产品提供了以下的价值拓展：

◆ 1. Tesco Carb Control　一系列面包产品和已加工冷冻的天然低碳水化合物食品或者标准产品的低碳水化合物版本。这是专门为了那些希望限制碳水化合物摄入的减肥者设计的。

◆ 2. Tesco Free From　125种专门为了食品过敏者准备的食品。所有的产品都除去了麸皮和小麦，还有许多产品同时除去了牛奶、大豆、鸡蛋、玉米、酵母或人工添加剂等易过敏物质。

◆ 3. Tesco Healthy Eating　专门为了那些希望控制脂肪和热量摄入的减肥人群而设计，与相应的产品相比只含一半的脂肪量和更低热量的一系列食品。

◆ 4. Tesco Organic　为了那些担心食物上有农药残留，或者担心环境污染对农业有影响，以及担心环境污染本身的消费者而设计的有机食品系列。

◆ 5. Tesco Serves One　单人份成品食品，专门为那些单身家庭设计的系列食品。

◆ 6. Tesco Simple Solutions　已加工的方便食品，仅仅需要消费者做最少的准备工作。

◆ 7. Tesco Fair Trade　生产者来自发展中国家，但价格比市场价更高的一系列产品，目标群体是那些有道德意识的消费者。

品类自有品牌 在服装类产品中，品类品牌同样增加了以下的价值拓展：

- 1. Cherokee 为年轻男女设计的低价格高质量的时尚休闲服饰。
- 2. Back to School 为儿童和青少年设计的耐用和高价值的学校制服。
- 3. Florence & Fred 为女性设计的低价格时尚工作服和晚礼服。
- 4. F & F 为男性设计的低价格时尚工作服和休闲装。

此外，还有 Tesco Kids，一个希望同时吸引儿童和他们家长的品牌，产品包括速食饭菜、化妆品等。

乐购过去20年的发展史就是一个激动人心的传奇故事，它从最初一个仅仅给人便宜印象的产业跟随者成功地成为产业领先者甚至是统治者。自有品牌组合在它前进的过程中起到决定性的作用。多种多样的自有品牌让乐购有能力仅仅通过自己一家店铺就能有效地满足各个不同阶层顾客的需求，并成为整个英国的超级市场。在它的广告中，这点已经说得很清楚了。长时间以来，它总是尝试将自己的形象提升到一个新的高度，这也就是现在Tesco Finest在某些品类中能够比制造商品牌价格更高的缘故。

管理自有品牌组合

零售商们从一个单一的自有品牌逐渐开始积极管理多品牌的自有品牌组合，因而它们可以面对更多的挑战。这三种自有品牌形式结合三种细分形式，最终可以衍生出非常复杂的组合。一旦零售商的自有品牌不能形成显著的差异，它们可能到最后只是将鸡蛋从一个篮子转移到另一个篮子而已，就像Old Navy抢走了Gap的销售额，就因为它只是用更低的价格提供了同样的商品。[9]

自有品牌增值

热衷于复杂的自有品牌组合，有些零售商在自有品牌增值上面迷失了自我。这使得必须实行品牌合理化措施。例如，Winn-Dixie替换掉了它的六种自有品牌。家乐福同样发现它（前文提到的）三个篮子的展示导致有些顾客更愿意拿经济型的“1”牌跟标准的家乐福牌进行比较，而不是像它们想象的那样去和像阿尔迪这样的高折扣零售商比较。结果有些消费者开始发现跟“1”牌产品比较，标准的家乐福牌的产品定价高了。

摆放问题

自有品牌的重叠会出现摆放问题。美国的塔吉特曾经在它的两个自有品牌食品的定位上大伤脑筋。Archer Farms是一个高质量的品牌。所有的Archer Farms产品都是由最好的成分组成，因此消费者“每一口都可以享受到最怡人的风味”。与此同时，Market Pantry的定位则是在价格上。在货架摆放方面，塔吉特将 Archer Farms摆放在高端品牌旁边，而Market Pantry则靠近低价格产品。货架摆放位置至关重要，因为塔吉特清醒地找到了办法防止消费者在它自己的两种产品间进行直接的价格比较。

失败的风险

在推出自有品牌的同时，零售商们必须意识到管理不好这些自有品牌带来的巨大的消极后果。[10] 一个单一自有品牌产品的失败会导致这个零售商在人们心中总体印象的倒退。消费者一旦相信这个零售商的油炸圈做得不好，他们同样会觉得它的面包也很糟糕。难道消费者

会花大力气去分辨零售商经济型产品和高端产品的区别，或者把零售商经济型产品的失败与对高端产品质量的担忧完全不联系起来吗？

多样性减少问题

要解决一个自有品牌组合的摆放问题，你就必须为所有品牌都找到合适的货架。零售商可能会在面对诱惑的情况下损害制造商品牌利益，而将稀有的货架资源交给自己的自有品牌。有些制造商品牌甚至可能下架，以便把空间让给新的自有品牌。例如，乐购销售的橙汁类产品，如表3-1所示，就有好几种乐购的自有品牌。于是对于许多消费者来讲，这就直接导致他们很难在乐购的店铺里面找到制造商品牌的橙汁。这就可能导致很大一部分消费者因为感到选择受到零售商的限制而产生厌恶的情绪。这就导致甚至是像一贯反制造商品牌的瑞士零售商Migros现在也开始增加雀巢、Ferrero和欧莱雅的品牌产品，以提供给消费者更多的选择。

自有品牌新的现实使很多主要的行业开始发生变化，并重新考虑它们的价格和质量。此外，那些像阿尔迪、维多利亚的秘密、Whole Foods和Zara这样专注于特定行业的零售商更容易让消费者为它们的品牌痴狂。大型的多品类零售商反而因为总是想着向所有人提供所有商品而步履维艰。而且，像塔吉特和乐购这样的零售商展示给我们的一样，一个大的盒子并不仅仅是一个盒子，它可以是一个消费者热爱的品牌。

零售商的挑战在于，如何超越简单的价格考量而将自有品牌与客户建立起一种联系。实质上这个问题可以这样讲，如果价格一样，所有消费者会优先选择卖场品牌而不是制造商品牌吗？到今天为止，只

有很少的几家零售商可以对这个问题说“是”，但即使是它们，也仅限于有限的产品种类。

章节要点

成功的零售商品牌组合

◆ 运用基于价格、品类和利润的三个细分形式的精妙混合，使零售商可以深化它在各个消费群体中的市场。

◆ 利用价格基础细分至少创造两个自有品牌（经济型和标准型），但是增加第三种价格层次（高端）去攻击主流零售商的双胞胎敌人——价值创新型和制造商品牌。

◆ 运用以品类为基础细分给消费者选择的感觉，并使专门类别的自有品牌在渗透自己品牌独特性和相关性方面更加容易。

◆ 挖掘利润基础细分，使零售商在面对消费者生活方式和需求变化时更加有弹性，可以针对特殊的要求建立单独的自有品牌。

◆ 控制自有品牌的过度增殖、摆放问题、产品失败的溢出效应以及产品多样性的减少，以避免复杂的自有品牌组合的缺点。

◆ 自有品牌优势的基础是在各个价格层次都能提供更高的价值，但是控制复杂自有品牌组合的成本可能会降低最后的优势。

创造成功自有品牌的关键并不只是价格

在质量相同的情况下，制造商品牌产品比自有品牌产品贵37%。

就像前面章节指出的一样，自有品牌的多样性令人惊讶。然而，除了一些主要集中于食品类别的高端自有品牌外，绝大多数自有品牌是以主要的制造商品牌的打折价格出售的。因此，行业中曾经有句至理名言：自有品牌卖的是价格。

不容否认的是，购买自有品牌产品确实能够省钱。“购买自有品牌产品能够省钱”的互联网搜索有高达1 390万的点击量。[1] 于是，零售业和制造商组织都相信，自有品牌和制造商品牌价格之间存在的差距越大，自有品牌就越会成功。然而，成功的自有品牌只比制造商品牌价格更低吗？事情远没有这么简单。

图6–1提供了全球14种快速消费品中自有品牌的份额以及自有品牌和制造商品牌的价格差距。[2] 我们可以看到在有些种类中，价格差距非常大——比如说家居护理、非酒精饮料和个人护理——但是自有品牌的份额也很低；另一方面，像在价格差距比较小的冷藏、冷冻和耐储存食品，以及塑料制品、纸张和包装物类别，自有品牌的占有额却相当高。很明显，比起简单地认为零售商可以通过降低价格来提

图6–1　全球自有品牌的份额和价格差距

与制造商品牌的价格差距 \ 自有品牌份额	低（≤12%）	高（>12%）
低（<30%）	快餐和糖果 化妆品 婴儿食品 酒精饮料	纸张、塑料制品和包装物 冷藏食品 冷冻食品 耐储存食品
高（≥30%）	家居护理 非酒精饮料 个人护理	宠物食品 健康护理 尿布和女性卫生用品

资料来源：源自ACNielsen，*The Power of Private Label 2005*（ACNielsen Global Service，2005）。

升自有品牌份额的想法，现实更加复杂和微妙。

自有品牌成功的驱动力是可感知的质量还是价格?

在不仰仗价格武器的情况下，自有品牌怎样才能取得显而易见的成功呢？经济学原理告诉我们，消费者希望从他们购买的产品中得到的效用决定了他们愿意为这一产品付多少钱。效用的一个主要来源就是产品的可感知质量。可感知质量的定义是产品表现出的可以被感知的优秀程度。[3] 就是说在消费者眼中这个品牌产品的功能表现到底好不好。

看看一位美国的消费者如何看待佳洁士牙膏的："我了解佳洁士是缘于它对口腔中的酶最有效。我的意思是，作为有牙斑的人，我知道每个人的唾液是不同的，而且它与牙膏结合以防止龋齿的方式也是不同的，而佳洁士正适合我以及我唾液的类型。"[4]

驱动自有品牌成功的是可感知质量而不是价格

让我们看看质量对于皇家阿霍德的子公司、领先的荷兰零售业连锁巨头Albert Heijn 旗下自有品牌表现的重要性吧。我们研究了Albert Heijn旗下的跟随型自有品牌 AH 在19种快速消费品中的表现。[5] 在四个品类（例如炼乳、咖啡）中，它是很成功的，甚至可以说占据了制高点，平均算下来，它在市场的占有率有15%，而它和制造商品牌的价格差距只有12%。也许这看起来没有什么大不了，但是假如我们考虑到AH仅仅只在Albert Heijn的商店里出售，即使Albert Heijn也只占到荷兰零售业份额的25%，我们就会感到这是一个伟大

的成就。另一方面，在其他15个品类（比如人造黄油、啤酒、玉米片、卫生巾）中，AH就没有这么成功了，虽然平均比领先的零售商品牌便宜21%，但是取得的市场占有率却低了很多（平均下来只有7%）。

乍看起来，这个结果很不正常。和领先制造商品牌价格差距很小但取得了很大的市场份额，而当与领先制造商品牌价格差距很大时市场份额却很小。怎么可能会发生这种情况？这是因为在AH取得很大成功的品类中，消费者认为它的产品质量要好得多。事实上，在可感知质量等级（7分制）的平均得分中，AH处于领先地位的四个品类的得分是5.3，而其他品类的得分只有4.6。

但是，可感知质量又是怎样驱动自有品牌成功的呢？为了弄明白，我们不妨先考虑一下消费者的价格敏感度以及领先制造商品牌和AH的可感知质量差异之间的关系。当我们结合这两个维度进行考虑，结果就出现了下面这个两横两纵的四单元矩阵（见图6–2）：随机购买者（random buyers）、品牌购买者（brand buyers）、自有品牌购买者（private label buyers）和犹豫的购买者（toss-ups）。

图6–2　四种类型的购买者

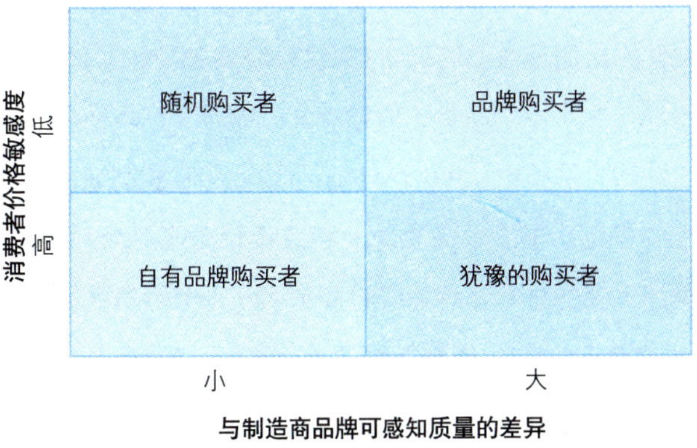

- 随机购买者对于价格并不是特别敏感，质量上也不太挑剔。
- 品牌购买者对于价格也不是很敏感，他们觉得领先的制造商品牌和自有品牌间有很大的质量差异。他们会购买某一个制造商品牌。
- 自有品牌购买者是那些对价格很敏感的顾客，他们觉得领先的制造商品牌和自有品牌在质量上差别很小。他们会购买自有品牌的产品。
- 犹豫的购买者是指那些在价格上很敏感，同时也感觉制造商品牌和自有品牌在质量上有很大差异的顾客。

很明显，争夺顾客的战场是在随机购买者和犹豫的购买者之间。然而，诱导他们去购买自有品牌的方法却大相径庭。可以通过一些店内的刺激，比如更好的货架摆放位置、货架的标签和过道尽头的展示等，来吸引随机购买者购买自有品牌产品。大多数犹豫的购买者如果认为质量比价格更重要，他们会投入品牌制造商的怀抱。[6]而在制造商品牌搞价格促销的情况下，这些消费者更倾向于购买制造商品牌，因为这会让他们突然变得对价格很敏感。

自有品牌想要挽回局面，就必须要让消费者相信，自有品牌产品的质量即使不比制造商品牌好，也至少和它们相当。这也就是为什么 Albert Heijn 在那四个品类（例如炼乳、咖啡）中取得成功的原因所在了。在这四个品类中，Albert Heijn 拉近了它和制造商品牌在可感知质量上的差距。于是很多犹豫的购买者转而购买AH牌产品。这些消费者再加上那些自有品牌购买者和很大一部分随机购买者（通过给 AH 提供最受欢迎的货架而获得），造就了AH在这些品类中的高市场占有率。在其他品类中，AH在缩小可感知质量的差距时做得就

不那么成功了。于是，它就只能通过比制造商品牌低得多的价格来吸引那些对价格很敏感的顾客（比如自有品牌购买者）。

不同品类中的可感知质量差异是不一样的

从Albert Heijn的例子可以看到，跟随型品牌AH可感知质量在不同品类中是各不相同的。然而，这却关系到一个特定的自有品牌。表6–1可以让我们更进一步看看制造商品牌和通常的自有品牌可感知质量的差距。这个表是根据美国消费者对于66种快速消费品的感知而制成的。[7]

最终的研究结果说明，最好的制造商还有机会进行差异化，它们只需要“做得更好”。[8] 然而，超过50%的品类产品可感知质量差异很小的事实，也验证了快速消费品公司写在自己墙上的一句话——提高质量，不然就要吞下苦果。

表6-1　制造商品牌与自有品牌可感知质量的差异

自有品牌更好（2%）	质量相同（9%）	质量差异小（44%）	质量差异大（40%）	质量差异很大（5%）
电灯泡	漂白剂	婴儿食品	反吸烟产品	啤酒
	冻鱼	全豆和研磨咖啡	电池	单独包装的块状糖
	冻蔬菜	早餐谷物	汤品罐头	尿布
	冻肉	牛油	碳酸饮料	
	软干酪	罐装水果	曲奇	
	维生素和矿物质	猫粮	除臭剂	
	补给品	脆饼	狗粮	
		牙膏	面纸	
		餐具洗涤剂	染发产品	
		织物柔顺剂	护手霜	
		地板清洁剂	重垢洗涤剂	
		速冻比萨饼	家用清洁用品	
		冷冻食品	冰激凌	
		冷冻禽肉	蛋黄酱	
		护发产品	芥末和番茄酱	
		头发定型剂	纸毛巾	
		硬干酪	花生酱	
		果酱	剃须刀片	
		人造奶油	咸味零食	
		矿泉水	卫生巾	
		口腔护理（漱口	洗发水	
		水、牙缝拉线）	意大利面酱	
		意大利面食	烈酒	
		加工干酪	佐餐酒	
		纯果汁	手纸	
		剃须泡、剃须皂	牙刷	
		沐浴添加剂		
		茶		
		香皂		
		酸奶酪		

资料来源：AiMark，2006；http://www.aimark.org/，转载得到许可。

表6–1 表明：

- 1. 从品类总体上看，制造商品牌和自有品牌可感知质量的差距大不相同。
- 2. 在89%的品类中，消费者感觉制造商品牌的产品比自有品牌产品要好。
- 3. 在45%的品类中，可感知质量差距非常明显（就是说差距大或者非常大）。

制造商品牌的不合理溢价

消费者是不是愿意为更好的质量支付更多的金钱呢？毕竟，虽然他们都很重视质量，但是更好的质量通常意味着花更多的钱在产品上面，这将导致产品更高的价格。因此，问题是可感知质量更高的产品是否市场价也更高呢？

这个答案对于制造商来说是振奋人心的。消费者通常愿意支付一个不对等比例的溢价而获得更好的质量，因为在购物决策中，质量一般要比价格占有更重要的地位。[9] 我们研究了法国的快速消费品可感知质量的差距与制造商品牌高于自有品牌的溢价之间的关系，选择法国的原因是因为那里是世界上最重要和自有品牌竞争最激烈的市场之一。需要说明的是这些分析基于75种快速消费品。[10] 下面就是我们的发现：

- 制造商品牌可感知质量超过自有品牌时，制造商品牌的平均溢价是56%。
- 在质量相等的品类（也就是消费者感觉不到制造商品牌和自

有品牌在质量上有什么差异的品类）中，制造商品牌会有37%的溢价。

◆ 最后，即使是在自有品牌的可感知质量超过了制造商品牌的品类中，制造商依然会有21%的溢价。

法国的研究结果也可以通过在美国的研究验证：[11]

◆ 一项最新的研究报告（使用《消费者报告》中报道的“客观的”质量）发现，制造商品牌和自有品牌之间只要存在1%可感知质量上的差异，就会导致制造商品牌5%的溢价。

◆ 在质量相等的品类中，制造商品牌会有37%的溢价。这一点和法国的研究结果一模一样。

◆ 在33%的情况下，制造商品牌和自有品牌在质量上是相当的；但是只有5%的情况，消费者愿意花与制造商品牌同样的钱购买自有品牌。

这意味着什么呢？

1.制造商品牌和自有品牌之间可感知质量的差异是市场上产生价格差异的一个重要的驱动因素。

2.质量并不是全部。有部分“剩余”溢价不能够用质量的差异来解释。想想我们发现的这些情况：在制造商品牌和自有品牌质量相当的情况下，制造商品牌依然会有37%的溢价。即使消费者对于制造商品牌和自有品牌在质量上的感知是一样的，他们依然不愿意为自有品牌支付同样的钱。

这个最后的结果确实让零售商很沮丧。消费者感受不到制造商品牌和自有品牌在质量上的差异，但他们为什么愿意为制造商品牌支付溢价呢？这个原因就是制造商品牌比自有品牌在形象上有明显的优势。

品牌形象和价格差距

制造商品牌可以提供一些绝大多数自有品牌不能提供的无形的东西。它们可以使消费者与渗入在品牌中的价值融为一体，帮助消费者体现他们的个性，让这些品牌融入他们的生活方式和自我概念。品牌形象（brand imagery）就是指那些被赋予在品牌上的个性和社会情感。这些品牌代表了什么，它们能够吸引我吗？消费者看起来在接受赋予品牌个性方面并没有什么困难，他们可以想象这些品牌就是活生生的、有人性的和有个性的。[12] 例如，像万宝路（Marlboro）、哈雷－戴维森（Harley-Davidson）、杰克丹尼（Jack Daniels）和李维斯这些品牌就传递了美国人对于西部的理想，那么充满力量感，那么有男子气概；而像古琦（Gucci）、芝华士（Chivas Regal）、露华浓（Revlon）和梅塞德斯这些品牌则被注入荣耀的形象，通常让人们联想到上层社会、魅力和性。[13]

不考虑产品功能性质量的因素，这些形象因素对于人们就已经非常重要了。两个品牌可能在质量上不相上下，但是如果一个品牌在形象上更强一些，这对于目标顾客群就会产生更大的效用。消费者通常都会愿意为了形象效用而支付溢价。

利用早先提到过的法国快速消费品调查数据，我们发现：

◆ 在对形象要求比较弱的那些品类（例如地板清洁器、厨房纸巾、罐装青豆）里面，制造商品牌的平均溢价较低，只有38%。

◆ 在对形象要求比较高的那些品类（例如除臭剂、染发产品、威士忌酒）里面，制造商品牌的平均溢价较高，高达61%。[14]

因此，品牌形象的溢价平均算下来是23个百分点。品牌形象对

价格差距的贡献很明显，即使是在像快速消费品这样很“普通的”品类中。

品牌形象不同对于争取消费者的重要性

在任何一个给定的品类中，消费者心中品牌形象所占的分量各不相同。对于一些消费者，咖啡、钢笔、西装甚至是汽车轮胎的品牌作为自我概念的一部分都是很重要的，但别人却并不怎么在乎。在一个有趣的研究中，苏珊·富尼耶（Susan Fournier）博士探讨了三个美国女性与某些特定的品牌在情感上的联系。[15]

因为吉恩（Jean，已婚，59岁）是一个有意大利和美国血统的妻子和母亲，她对食品类的产品有自己情感上的品牌偏好。她对Pastene的西红柿、Bertolli的橄榄油、Contadina的番茄酱、Progresso的面包粉，甚至是烹饪意大利面酱时用的 Revere Ware平底锅，都有很深的感情。

凯（Kay，最近刚刚离婚，39岁）没有显示出对很多品牌有情感上的偏好，但是个人护理产品除外。说得更具体点就是，为了保持年轻的外表，玫琳凯（Mary Kay）和多芬（Dove）在情感上满足了她的需求，因为她家庭里的成员都不使用这两个品牌，这还是一个显示她独立的独一无二的机会。她同时很青睐佳得乐（Gatorade）、经典可口可乐（Coca-Cola Classic）和锐步（Reebok）跑鞋。因为她的个人经历，锐步已经成为她活力、独立和自信的标志。

维姬（Vicky，未婚，23岁）是最痴迷于品牌的，而且对于特定的品牌有着最强的品牌忠诚度，她有品牌偏好的产品范围从香水

（Opium用于夜间吸引男性，Intimate Musk则是每天必用）、化妆品、贴身内衣到冰激凌和烘豆无所不包。因为对她喜爱的品牌相当忠诚，她的核心个人形象一直保持得相当完整。当她搬到一个没有B&M烘豆的地方时，这可真是愁死她了。

这项研究表明，形象并不随着特定的品类而生，它可以因为聪明的营销手段在任何一个品类中被创造出来。如果一个人可以错过烘豆，他也可以错过其他的任何东西。在这个世界上最大的快速消费品公司工作的过程中，我们学到了这些。我们想知道怎样才能使纸巾和形象效用扯上联系。那家公司的全球纸张部门总经理指出，这只在美国取得过成功，但是在欧洲却没有真正这样做。于是，这家公司在美国比在欧洲取得了更多的溢价和更高的市场份额。一个制造商品牌或者自有品牌是不是具有形象效用，不仅仅取决于消费者个体，还跟公司的营销策略有关。

关于消费者的一些概括

虽然品牌形象的重要性对于每个消费者都不尽相同，但是我们还是能作出一些概括：[16]

◆ 更年轻的消费者会觉得品牌形象更重要，因为他们渴望有更多的社会认同感，除此之外，通常来讲他们对于品牌的触觉更加敏锐（这就和维姬一样，极其痴迷于品牌）。

◆ 单身人群和两人家庭比起成员更多的家庭来说，形象效用更重要。

◆ 越不富有的消费者，品牌形象在他们心中的分量越重。这看起来很荒谬，因为显然他们可以通过购买价格更低的自有品牌从而得

到更多实惠。然而，这只是可以让他们向世界展示自己同样也是“老练的”消费者。因此，事实是虽然穷人比富人购买更多的自有品牌产品，但更多因为他们必须这样做，而不是希望这样做。

给零售商的启示

我们知道了自有品牌的成功除了价格外还有很多其他的因素。我们可以运用经济学理论来将这些想法形式化。如果消费者觉得制造商品牌的溢价超过了消费者能够从制造商品牌得到的可感知质量和形象（如果有的话）上的超出部分的效用时，消费者会选择自有品牌。如果溢价小于质量和形象效用的差距，消费者会选择制造商品牌。

因此，自有品牌并不只是在价格上进行竞争。除了操控价格差距外，它们还可以在两个非价格层面进行竞争。在讨论操控价格差距前，我们会先探讨它们。

减小可感知质量差距

一个减小与品牌制造商品牌在可感知质量上差距的途径就是提高自有品牌的客观（实际）质量，这可以通过使用更好的原料、从第一流的供应商采购等方式实现。即使相关性谈不上完美，客观质量和可感知质量依然是正相关的。

第二个减小质量上差距的途径是采取跟随型战略。零售商推出和（领先）制造商品牌（见第 2 章）完全一样的自有品牌。跟随型战略在自有品牌快速消费品产业中占有高于50% 的比例。[17] 作为例证的是美国食品杂货连锁店Dominick运用在即食谷类食品市场的战

略。它的自有品牌模仿在各自的细分市场中销售额领先的和在整个谷类食品市场中最大的制造商品牌：Cheerios、Frosted Flakes、Rice Krispies、Corn Flakes、Raisin Bran和Froot Loops。[18]

跟随型战略是一个有效地减少制造商品牌溢价的零售商战略。在法国自有品牌成功地实施了跟随型战略的品类中，制造商品牌和自有品牌价格上的差距已经缩小，平均算下来只有30%；而在自有品牌和制造商品牌（包装）相似度不高的品类中，这种价格差距一下子就拉大到了69%。[19]

减小形象差距

另一个避免价格游戏的方法是注入自己自有品牌的形象。传统上，和制造商品牌相比，自有品牌在品牌形象上要比在可感知质量（更不要说客观质量）上还要糟糕得多。但是就像我们在第3章提到的，自有品牌缩小和制造商品牌形象上差距的例子越来越多了，例如Pick'n Pay（南非）的Foodhall系列、Loblaws（加拿大）的President's Choice以及Macy's的The Cellar（套装餐具）。

零售商同样开始在媒体上为它们的自有品牌投放大量广告。就如自有品牌制造商联合会（Private Label Manufacturers Association）主席布赖恩·夏洛夫（Brian Sharoff）所说："10年前，零售商看着最顶尖的国际性品牌在电视上做广告，现在Kroger、A&P和Safeway都做大量的广告，让消费者知道'这是你们唯一可以买到我们品牌的地方'。"[20] 英国的乐购和荷兰的Albert Heijn在各自的国家都属于最大的广告商之一。

通过缩小与制造商品牌在可感知质量或形象上的差距，零售商们

提升了自有品牌对消费者的吸引力。这都为零售商提高自有品牌售价提供了条件，也将这场游戏从价格竞争转移到了非价格竞争。

增大制造商品牌和自有品牌之间的价格差距

零售商同样也可以继续玩他们的价格游戏。在这种情况下，零售商们可以通过增大制造商品牌和自有品牌间的价格差距来保证制造商品牌溢价超过了自有品牌在可感知质量和形象效用上的差距。

一个让自有品牌更加吸引消费者的方式就是提高制造商品牌价格。这通常是一个非常有风险的做法，因为制造商品牌的价格在零售连锁店中是稳定的。消费者会根据不同零售商定的制造商品牌价格，形成他们对零售商整体的价格印象。然而，有时候一些零售商责难它们所模仿的制造商品牌，提高它们在自己卖场的售价；而对于那些它们没有模仿的制造商品牌，则降低它们的售价。[21]

一个明显的选择是为自有品牌定一个低价格，这样至少在相当大的市场容量下，制造商品牌和自有品牌两者间的差距就会显得相当大，这足以补偿自有品牌在质量上或者形象效用上的差距。这样就又提出了一个问题，为了使零售商的品类销售额最大化，自有品牌和制造商品牌在价格上的最佳差距是多大呢？

对于零售商来说的最佳价格差距

最佳价格差距取决于制造商品牌的价格敏感度、自有品牌的价格敏感度以及制造商品牌和自有品牌两者间价格的相互作用。[22] 太大的价格差距会减少零售商的销售额，因为它们从制造商品牌方面得到

的收入会下降。然而，和直觉相反，这同样会减少自有品牌产品的收入。为什么会这样呢？就像我们马上会知道的，这是因为零售商“把钱留在了桌子上”。

沃顿商学院的教授斯蒂芬·J. 霍克（Stephen J. Hoch）和伦纳德·洛迪什（Leonard Lodish）进行了一个严格的关于最佳价格差距的现场试验，样本是全美84家杂货零售商出售的止痛剂。[23] 通过保持所有制造商品牌存货品目的价格不变，以及提高或降低自有品牌存货品目的价格，就造成了三个价格差（15%、33%和50%）。试验前的价格差距大约是33%。试验为期六个月，结果和六个月之前相比。我们把注意力集中在两个新的价格差距（15%和50%）上。结果总结为表6-2。[24]

表6-2 美国杂货连锁店止痛剂价格差距分析

单位销售额的百分比变化			
价格差距	制造商品牌	自有品牌	所有品类
15%	0	0	0
50%	-3.5%	23.0%	4.2%
销售收入总额的百分比变化			
价格差距	制造商品牌	自有品牌	所有品类
15%	0	0	0
50%	-3.4%	-9.2%	-3.5%

资料来源：改编自Stephen J. Hoch and Leonard M. Lodish，“Store Brand and Category Management”（working paper，Wharton School，Philadelphia，PA，1998）。

结果呈现出一致性。就如之前所预料的那样，虽然稍微下降了3.5%，但制造商品牌的单位销售额确实随着价格差距的拉大（从15%到50%）而减少。当价格差距从15%扩大到50%的时候，自有品牌的需求有更实质的增长，高达23%。在一个大的差价面前，所有品类的单位销售额增加了4.2%。然而这还是在平均价格大幅下降的情况下取得的，因为自有品牌的价格下降了41%（从品牌价格的85%下降到50%）。这也说明了自有品牌有很低的价格敏感性。单位销售额23%的增长带来价格上41%的下降，说明价格弹性为-0.56%。这也就是说，1%自有品牌价格的下降导致了0.56%单位销售额的增长。

当价格弹性在-1～0的时候，总量的走势没有价格强劲——也就是说，价格下降导致价值丧失。这也就是销售收入表6-2所证明的。在15%价差的情况下，零售商品类的销售总收入会高3.5%！

这个重要研究的核心要点就是自有品牌的需求可能对以下两点并

不敏感：（1）自有品牌的价格绝对水平；（2）与制造商品牌的价格差。如果零售商对它的自有品牌定更高的价格，零售商品类的收入可能会更高。

小 结

我们并不是说价格上的竞争不是一种可行的战略。对于任何一种自有品牌战略来说，价格差距操控都是一个非常关键的组成部分。把钱投入到提升客观可感知质量（通过品牌仿造）和创造自有品牌的品牌形象上，通常来讲会有效得多。此外，这也避免了主流的零售商直接跟高折扣零售商正面交锋的情况发生，因为在完全不同的商业模式（参见第4章）下，它们发现这样的战争越来越难以取胜。

章节要点

成功的零售商自有品牌战略

- 操控与制造商品牌的价格差距要靠不断调整自有品牌的价格，而不是通过提高制造商品牌的价格来完成，因为后者对零售商整体的价格定位是有害的。
- 要明白关于自有品牌和制造商品牌间的可感知质量的差异，在不同品类中是有很大不同的。
- 要认识到更多的消费者对质量敏感而不是对价格敏感，所以质量上很小的差异有可能导致价格上出现很大的差别。
- 要承认即使在质量相等的市场上，制造商品牌依然能够收取

一个比例高达37%的溢价，这个溢价的存在是因为制造商品牌拥有更好的品牌形象。

◆ 要在价格和非价格两方面进行竞争，但是在关注非价格方面（质量和品牌形象）的时候，对于自有品牌来说，提高质量、实行跟随型战略来缩小价格差距和创造自己的品牌形象是增加自有品牌吸引力的好方法。

◆ 要在自有品牌和制造商品牌之间保持一定的价格差距，因为和有些人想象的不一样，更小的价格差距会让零售商的收入更高。

通过自有品牌使
零售商利润最大化

零售商自有品牌的毛利润率比制造商品牌高25%～30%。

零售商和制造商中有一个广为流传的信条：零售商卖自有品牌能够得到比卖制造商品牌更高的利润。当我们和一个世界上最大的快速消费品公司并肩作战的时候，我们听说它们的高层经理都想知道零售商会销售他们公司产品的原因，因为零售商销售自有品牌产品更有利可图！但是对于零售商来讲，卖自有品牌就真的更赚钱吗？这是事实吗？还是在某些特定条件下，这并不是事实的本来面目呢？

零售商之所以认为通过销售自有品牌会带来更高的利润是因为下列四个原因：

- 更高的边际利润。因为零售商认为它们自己的每个自有品牌产品的边际利润更高
- 更高的杠杆。因为一个品类中自有品牌的出现，可以使零售商在和制造商品牌谈判时争取到更多的利润
- 建立自有品牌忠诚度。因为自有品牌可以使零售商差异化，当消费者购买这些特定的自有品牌产品时，他们只能去特定零售商那里去买，因此使得消费者对于零售商更加忠诚
- 更高的顾客利润。因为对于零售商而言，那些喜欢自有品牌的消费者比起那些大量购买制造商品牌的消费者，能够带来更多的利润（更高的自有品牌边际利润和店铺忠诚度）

我们将依次探讨上面提到的各点，大家将看到实际情况和我们第一眼看上去还是有很多细微差别的。当然在一开始，我们要说明这个讨论仅仅适用于那些同时出售自有品牌和制造商品牌的主流零售商。像价值创新型零售商，比如阿尔迪、Lidl、H&M和宜家，都是完全不同的另外一种情况。它们卖的是低价自有品牌，给消费者的是别人没有办法提供的实惠，给自己也带来了巨大的利润回报，但是这一切都

源于它们在价值链上更高明和创新的组织（见第4章）。

自有品牌更好的边际利润

在《折扣贸易商》（*Discount Merchandiser*）进行的一次调查中，零售商将“更好的边际利润”视为推行自有品牌最重要的原因。[1] 自有品牌之所以能够产生更高的边际利润，那是因为自有品牌供应商根本没有一点市场力量。自有品牌供应商市场有着经济学家形容的“完全竞争”（perfect competition）的所有特征。

世界上有很多自有品牌的制造商。例如，最近在阿姆斯特丹举行的自有品牌商展上有1 639家企业出席。或者我们可以想想在中国有好几千家皮鞋制造商。任何一个单独的自有品牌供应商的市场占有率都是很低的。对产品划分的定义实际上也没有，它们面对的买家都是些对产品质量和实用性非常精通的专业零售商。[2] 零售商常常只是提出技术要求，然后要自有品牌制造商报价。

在这种绝对竞争的市场环境下，权威的经济学理论指出，零售商最后能够将获得的自有品牌价格降到产品的边际成本等于平均成本的水平。因此，零售商可以获得绝大多数的系统利润，于是零售商在自有品牌上的毛利润就很高。

毛利润率更高

数据明显支持这些经济学理论。平均下来，零售商在自有品牌上面获得的毛利润率比从制造商品牌那里获得的要高出25% ~ 30%。比如说，如果制造商品牌的毛利润率是20%，而自有品牌平均的毛利

润率就会有25% ~ 26%。然而，在不同的品类中，变化还是相当大的。

在健康、美容和化妆品类别中，自由品牌比制造商品牌的毛利润率要高得多。因为在这些类别中，制造商有很好的声誉，投入大量的品牌广告，而且对消费者有很高的个人相关性。因此，制造商在这些品类中向零售商提供的毛利润率会比其他品类产品的小。这直接导致在健康、美容和化妆品类别的自有品牌上，零售商获得的毛利润率会比从制造商品牌那里获得的要更吸引人。

每平方英尺产生的利润是合适的评价标准

毛利润率到现在为止一切都还不错，但是毛利润率只是反映零售商利润的一个方面。利润的最优化需要评价公司投入关键资源和转换成现金的利润之间的比值。在传统的实体店铺中，货架空间就是这样的关键资源。因此，单单将所有注意力都集中在毛利润率这个指标上是会误导人的。每平方英尺产生的利润才是零售商真正应该重视的。有四个方面显示毛利润率和每平方英尺产生的利润两者间的不同。

第一，零售商通常还从制造商那里获得一些额外折扣和发票之外的折让，比如进场费、清单费、促销优惠、广告推销折让以及免去返还未售完商品。这在自有品牌中是没有的。

第二，品牌制造商承担各种各样的服务费用，比如运输费用、储存费用和劳动力费用，并且还帮助零售商作好销售规划。而对于自有品牌，零售商却不得不承担所有的服务费用。将上述两个因素考虑进去之后，自有品牌和制造商品牌在净利润上的差别就没有在毛利润率上面那么明显了。

自有品牌：狼来了

第三，制造商品牌通常在零售价上比自有品牌高得多。因此，即使当制造商品牌的净利润率低一些，但是每个售出的产品产生的绝对利润可能还高于自有品牌（就是说，在绝对数量上2美元的20%还是高于1.5美元的25%）。

第四，货架空间的周转，通常指周转率，制造商品牌要高很多。来自欧洲的数据显示，（领先的）制造商品牌所在的货架周转率至少要高出10%。如果还有什么要补充说明的话，那就是，我们在这些公司的工作经历告诉我们，这还是一个很保守的估计。

产业中的至理名言说得好，更高的自有品牌份额就会产生更多利润。例如，A&P连锁超市的首席执行官克里斯蒂安·霍伯（Christian Haub）说："自有品牌对于我们来说，很明显是一个很大的机遇……我们知道每一个百分点份额的提高都会带来利润上重大的增长。"[3]但是如果把上述四个因素都考虑进去的话，这还会是真的吗?

收益率分析报告

受百事公司（PepsiCo）委托，针对加拿大市场的一项研究报告称："如果将包括优惠折让、仓储费、运输费和店内劳动力所有因素都计算在内的话，国际性品牌比自由品牌的利润更丰厚。"[4]受可口可乐公司委托我们也进行了相似的研究，我们发现英国市场上的自有品牌和可口可乐在赢利性上同样不同。一份苏打饼干的研究报告发现，自有品牌的利润率更高，但是由于售价更低，实际上利润的数额更低。[5]麦肯锡一份覆盖60种食品的研究报告上说："差不多有一半的自有品牌产品创造的每立方米利润要低于领先品牌。"[6]

波士顿咨询公司（Boston Consulting Group）研究了美国两大零

售商50个存货品目的经济效果，发现“平均来说，品牌和自有品牌利润量上基本相等，但是在不同品类和产品上，差异很大”。例如，虽然品牌和自有品牌的谷类食品毛利润是一样的，都是每件37美分，但是自有品牌的谷类食品就不如品牌谷类食品挣钱，因为它的周转率更低。另一方面，每件自有品牌尿布的利润额（1.49美元）比制造商品牌的利润额（43美分）要高得多得多，即使品牌尿布的周转率要高出50%，依然没有办法撼动自有品牌的赢利优势。[7]

表7–1概括了可能是现今最全面的有关收益性分析方面关键的发现。它的结果是根据美国的一个重要的连锁超市总计超过200个产品品类中自有品牌和制造商品牌的研究而得出的。[8]为了更直观地展示，我们假定自有品牌的零售价格都是1美元。基于已知的欧洲数据，我们假定国际性品牌的货架周转率比自有品牌的货架周转率平均要高10%。就像早先提到的一样，这或许是一个保守的估计。[9]

表7–1　自有品牌VS制造商品牌赢利性分析（美国杂货零售连锁店）

	自有品牌	制造商品牌
毛利润率	30.1%	21.7%
净利润率	23.2%	15.9%
价格*	$1.00	$1.45
收益额	$0.23	$0.23
每平方英尺的周转率（指数）	90	100
直接产品赢利性	21	23

* 假定自有品牌的价格为1美元。

资料来源：改编自 Kusum L. Ailawadi and Bari A. Harlam, “An Empirical Analysis of the Determinants of Retail Margins: The Role of Store Brand Share,” *Journal of Marketing* (January 2004)：159。

表7–1显示，一般来说，我们不能假定自有品牌比制造商品牌的赢利性更高。自有品牌较高的毛利润率往往被较低的售价所补偿，于是每件自有品牌和制造商品牌实际获得的利润总额是一样的。事实上，一些零售商，像Kroger，就有这样的政策：每件自有品牌和制造商品牌获得的利润总额必须相等。然而，如表7–1所示，周转率或者叫做货架空间周转率，起到了至关重要的作用。因为拥有高的品牌知名度和广告支持，领先的制造商品牌可以享受到很高的周转率。

品牌更强的杠杆作用

除了自有品牌更高的利润率之外，零售商将“与品牌制造商议价的工具”作为推广自有品牌产品的一个主要的获利因素。[10]自有品牌的出现帮助零售商可以向品牌制造商要求更好的条件。[11]即使是这个世界上最有价值的品牌也难以摆脱由此而带来的压力。一位前可口可乐高级营销总监承认，因为一家大型连锁超市推出了自己的高端自有品牌，并侵占了可口可乐的货架，所以可口可乐不得不大规模降低自己产品的批发价。[12]

自有品牌对制造商品牌利润的影响

由于品类不同，零售商从不同制造商品牌上获得的利润也大不一样。在什么条件下零售商可以从品牌制造商那里获得更高的利润呢？根据产业经济学原理，一个团体能够保证获得的利润取决于它的市场支配力。它的自有品牌在该品类中的支配力越强，零售商可以从制造商品牌那里获得的利润就越多。实验表明这个理论相当准确。

在一项研究中，我们发现 Quaker Oats 的零售利润在它们推出了自有品牌后有了增长，这说明零售商获得了支配力。[13] 在美国另一个重要的大规模研究中，达特茅斯学院教授库苏姆·艾拉瓦蒂和 CVS 市场情报副主席巴里·哈林向我们说明，在零售商自有品牌占有更大市场份额的品类中，零售商从制造商品牌那里获得的利润更多。[14] 这项研究中的那个大型连锁超市，制造商品牌平均可以从零售商自有品牌占市场份额大的品类中比从市场份额小的品类中多获得4% 的毛利润率。

然而从总体趋势上看，自有品牌的市场份额和零售商从制造商品牌那边获得的毛利润率并不是线性关系——更高的自有品牌份额并不必然导致制造商品牌获得更高的利润率。就像图7–1所示，在一个品类中自有品牌的份额很高或者很低的时候，可能会导致大幅度偏离于直线——甚至是相反的作用！

图7–1　自有品牌份额与零售商议价力量

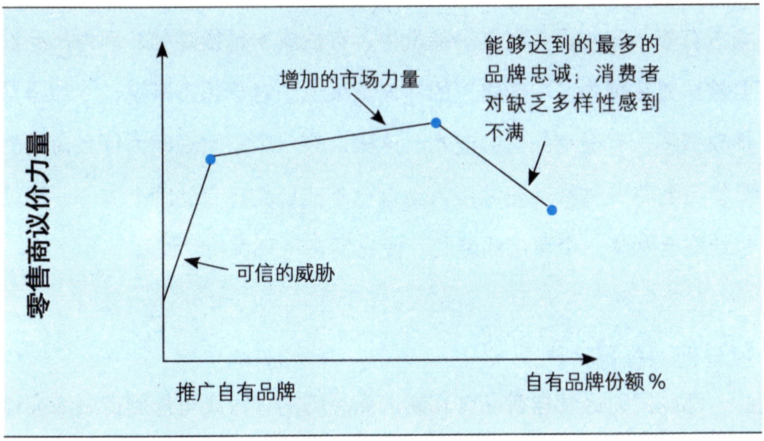

自有品牌的出现带来可信的威胁

即使自有品牌在市场上占有的份额非常小的时候，仅仅因为这个品类中出现了自有品牌，就会让零售商和品牌制造商在供应方面的谈判能力发生巨大的变化。[15] 自有品牌给制造商品牌制造了一种“可信的威胁”，因为零售商可以通过像传单、展示和对制造商品牌的货架空间加价等手段，促销自己的自有品牌。然而，只有当自有品牌实实在在推出了以后，自有品牌的威胁才是可信的，因为零售商必须承担相当巨大的固定成本。换句话说，零售商口头上威胁说将要在某个品类中推出一个自有品牌，这并不是一个可信的威胁；只有在它推出以后，才能在和品牌产品制造商的谈判中取得优势。

可信的威胁现象解释了为什么自有品牌会出现在一些它们并不成功的领域。例如，我们可以看看荷兰的烹饪用人造黄油市场。[16] 这个市场被联合利华旗下的两个品牌 Croma 和 Becel 所占据。而两个领先的连锁超市的自有品牌 Albert Heijn 和C1000 几乎没有什么忠诚的购买者，在整个市场上也没有足够能力吸引那些随机购买者，因此市场占有率不值一提。在这个品类中，存货成本是很高的，因为产品都要被放置在称为“冷却器”的冷冻货架上。对于超市来说，冷却器是稀缺资源，有很高的机会成本。这里只有一个原因说明为什么荷兰的零售商会将这种稀缺资源投入到自己不成功的自有品牌上去——那就是给联合利华一个可信的威胁，使它们在将来保持“诚实”。

过分强调自有品牌

那些同时经营自有品牌和制造商品牌的零售商可能到最后都会过分强调它们的自有品牌。为了解释这些现象，让我们回想一下前面说

过的，在一个特定的品类中，消费者可以划分成四个群体：品牌购买者、自有品牌购买者、随机购买者和犹豫的购买者（见图6–2）。

品牌购买者将永远不会购买自有品牌——除非品牌和自有品牌之间的价格差距大到骇人听闻的地步。简言之，我们将假定品牌制造商操控着这个价格差距之后，由于像“万宝路星期五”（Marlboro Fridays）这样的时刻出现的机会很少。随机购买者和犹豫的购买者对于任何一种产品都没有忠诚可言，但是在制造商品牌和自有品牌价格上的差距超过一个临界点的时候，他们会选择自有品牌。当然这个临界点因人而异。

如果一个自有品牌非常成功，那么它不但可以捕获自有品牌购买者，也可以吸引到相当一部分的随机购买者和犹豫的购买者。在这种情况下，品牌制造商没有任何动力去降低它的批发价格，因为不管怎样品牌购买者都会去购买它的产品。结果，从制造商品牌那里获得的零售利润会比品牌制造商仍为了一大批随机购买者和犹豫的购买者而竞争时要低。[17]

过分强调自有品牌从另一个方面甚至能够增强品牌产品零售商的议价能力。如果零售商放太多的精力在自有品牌上——例如，给它们配备具有压倒性优势的货架——这可能会招来零售商顾客的不满。突然，消费者开始找不到自己最喜爱的品牌产品，并感觉到自己的选择权利受到了限制。英国的零售商J. Sainsbury 就发生过这种情况。因为消费者对它缺乏多种不满，继而投入对手的怀抱，这使它不得不降低了对自有品牌的关照度。

为自有品牌建立店铺忠诚

自有品牌经常都被介绍成“最具价值”的产品，但是就像第3章说到的，连锁超市越来越多地依靠提升质量来树立自己连锁店的形象。通过这种策略，零售商希望鼓励消费者将对制造商品牌的忠诚转移到对零售商的忠诚。这就是为什么零售商相信销售自有品牌会比销售制造商品牌能产生更多利润的第三个原因了。

自有品牌帮助零售商差异化

在很多零售商看来，制造商品牌随处可见，在很多跟它们有竞争关系的零售连锁店也可以买到。通过自有品牌，零售商可以把自己和其他零售商区分开来。这增加了它们的消费者转换到其他零售商的心理成本，因为在别的零售商那里他们买不到自己喜爱的自有品牌，因而不得不经历一个感知苛求评估的过程来接受其他品牌，这里也包括其他零售商的自有品牌。

自有品牌带来的差异化反过来让更多的消费者忠诚地投靠零售商。一家英国零售商直言不讳地表示，“消费者忠诚是拥有自有品牌的根本原因之一。如果你手上有在消费者心目中具有高质量形象的核心产品，这样不可避免地会导致消费者喜爱你的商店。”这同样被一家法国零售商的话所印证：“如果自有品牌是消费者所喜爱的，他们就会忠诚于你的连锁店。”但是自有品牌购买者更忠诚于零售商吗?

自有品牌和店铺忠诚

实验证明了购买自有品牌和店铺忠诚有很强的关联性。一项关于

美国家庭的研究发现，1%自有品牌购买的增加会伴随着对店铺忠诚度0.3%的增加。比方说，如果一个特定的家庭在零售商那里购买的自有品牌产品增加了10个百分点，这也就意味着零售商对那个家庭的“市场份额”增加了3个百分点。[18]

另一项美国的研究探讨了店铺忠诚和自有品牌购买间的关系，掌控了10个以上与店铺忠诚有关联的消费心态（例如价格敏感、质量敏感、购物享受以及寻求多样化）。[19] 自有品牌购买与店铺忠诚之间的实际关联甚至在掌控了其他变量的指令之后依旧存在。

国际性的研究结果大体相似。图7–2显示的是法国零售业巨头家乐福在世界不同国家经营时的店铺忠诚度（消费者每周在家乐福购买食品的比例）和自有品牌份额之间的联系。家乐福总销售额中自有品牌的份额和对店铺的忠诚度显示出了很强的相关性（r = 0.73）。最后，一个全球范围涉及超过20个国家消费者的研究发现，平均来说，购买大量自有品牌的消费者比其他消费者更忠诚于店铺。[20]

图7–2 家乐福自有品牌建立店铺忠诚

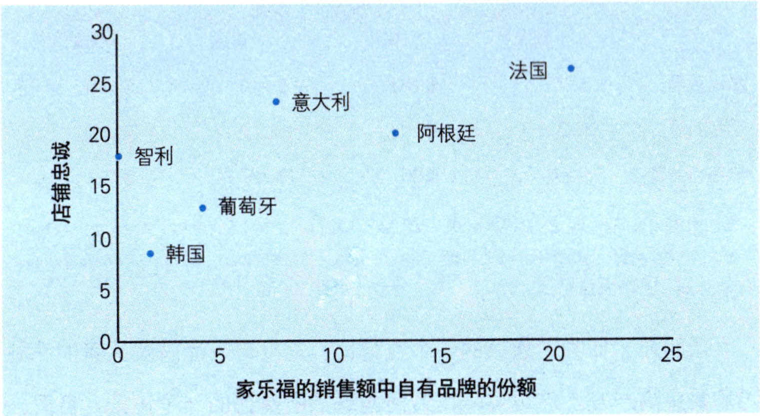

资料来源：AiMark，2006；http://www.aimark.org/，转载得到许可。

自有品牌购买者更有利可图

自有品牌建立了店铺忠诚，那是不是自有品牌的购买者更有利可图呢？一般都认为忠诚的顾客是更有利可图的。[21]但是这对于那些定价更低以吸引对价格更敏感的购买者的自有品牌是不是还适用呢？

更高的毛利润率

表7–2显示的是美国一家大型药品商店的赢利性分析，这些数据是基于41 335位顾客在过去的六个月时间内在该商店的347 214次消费记录。[22]根据消费者购买自有品牌的强度，他们被分成四个群体：轻度（0 ~ 10%）、中度（10% ~ 20%）、重度（20% ~ 35%）和极重度（大于35%）。

表7–2 自有品牌购买者是否更有利可图？

	六个月内消费者购买的自有品牌各种比例的平均值			
	0 ~ 10% 轻度	10% ~ 20% 中度	20% ~ 35% 重度	>35% 极重度
总销售额	$ 251	$ 263	$ 216	$ 129
毛利润率	30.3%	32.1%	34.7%	36.8%
总毛利润额	$ 77	$ 85	$ 70	$ 48

资料来源：改编自 Kusum L. Ailawadi and Bari A.Harlam, "An Empirical Analysis of the Determinants of Retail Margins: The Role of Store Brand Share," *Journal of Marketing* (January 2004)：161。

很明显，作为销售额的一个百分比，重度自有品牌购买者的毛利润率要更高一些。这也可以作为前面章节所探讨的一个佐证，自有品牌意味着更高的毛利润率。然而，和制造商品牌相比，自有品牌的价

格很低，所以重度和极重度自有品牌消费者的购买总费用实际上是低于那些轻度自有品牌购买者的。

极重度（大于35%）自有品牌购买者在购买总费用支出上的下降最为明显。在市场的这个细分板块，总费用的下降还不仅仅因为自有品牌的价格低。这些消费者通常生活并不奢侈，在多家店铺捡便宜货。所以他们从每家零售商那里购买的东西就更少了。他们同样只购买他们光顾的商店中认为是物有所值的自有品牌。所以说他们总体上只忠于自有品牌的经济性，而不会对任何特定的自有品牌和零售商表现出忠诚。

更低的毛利润

如果把毛利润率数据与销售数据结合起来，通过划分，我们得到了毛利润。如表7–2所示，进行轻度自有品牌购买（10% ~ 20%）的消费者是最有利可图的。重度和极重度自有品牌购买者实际上比轻度自有品牌购买者有更少收益。如果将净利润和周转率计算在内，这些发现甚至将会更有力。

结论：对于零售商来说自有品牌是不是更赚钱？

所以，自有品牌对于零售商来说的确是比制造商品牌利润更丰厚。对于零售商来说，是不是真的存在“自有品牌份额每增加一个百分点就会伴随着利润总额大幅增加”的情况呢？我们研究发现，这样一概而论的观点并不总是正确的，现实情况要复杂得多。从肯定的方面来说，有强大的证据显示对零售商有积极的一面：

自有品牌：狼来了

- 对于一个品类来说，自有品牌的推广会让零售商在制造商品牌上面获得更高的利润率。
- 自有品牌是一个增加消费者对零售商忠诚度的强有力工具。

然而，在消极的反面，对于零售商来说也有引人注目的证据：

- 同制造商品牌相比，自有品牌通常在每平方英尺的货架空间内并不能创造更高的利润。
- 重度自有品牌购买者可能无利可图；从购买一些自有品牌的消费者那里获取的利润比那些不购买自有品牌的消费者的多，但是过分强调自有品牌可能会起到反作用。

消极的证据很让人困惑。如果自有品牌对于零售商来说利润并不丰厚，那么为什么世界上领先零售商的自有品牌在总商品中所占有的份额还那么高，并且还在不断增加（见表1–1）呢？表7–2告诉我们，自有品牌份额超过20%的时候，零售商利润可能实际上是在下降。然而，绝大多数领先零售商的自有品牌份额都超过了20%。我们如何能够使这些矛盾的发现一致呢？是不是所有的零售商都错了呢？我们相信一个有着细微差别的结论必不可少。

如表7–1所示，制造商每平方英尺更高的总赢利能力是由它们更高的价格和更快的货架空间周转率决定的。更高价格的观点可以应用在当制造商品牌与原始状态型和跟随型自有品牌比较时，但不能用在与高端型自有品牌比较的时候，因为高端型自有品牌通常以高于制造商品牌90%的价格在市场上出售，有时候甚至比制造商品牌的价格更高。因此，对于高端型自有品牌来说，赢利性状况是截然不同的。据我们估计，制造商品牌的赢利总额比高端型自有品牌的赢利总额要低25%。

制造商品牌更快的货架空间周转率已经是明日黄花。当我们考虑到绝大多数二线制造商品牌（就是那些在品类中不是数一数二的品牌）没有大量广告宣传的支持而被自由品牌取代的时候，这就显得尤为正确。此外，零售商开始为它们的自有品牌更积极地进行广告宣传，并在利用店内宣传来影响消费者购物选择时越来越狡猾，而且能掌握火候。这些变化理所当然地增加了自有品牌的周转率。

历史上重度自有品牌购买者更低的消费者赢利性也被自有品牌特性的转变而影响。我们赢利性分析所依据的那家连锁药店（见表7–2）虽然很大，但是依然遵循的是相对老实的跟随型战略。而另一方面，就像我们在第5章已经看到的那样，像乐购、家乐福和沃尔玛这样的零售商，现在已经在执行包括推出高端型自有品牌这样老练的自有品牌战略。因为高端型自有品牌更少地在价格上进行竞争，而是更多地在质量上进行竞争。所以，购买很多的自有品牌并不会导致赢利性更低。

总而言之，我们仍然相信主流零售商会因为过分强调自有品牌而导致消费者不满意，并降低赢利性——英国的 J. Sainsbury 可以证明这一点。然而对于那些执行多重战略的老奸巨猾的零售商们，我们也相信最佳的自有品牌比例要比20% 高得多——可能是40% ~ 50%。

章节要点

运用自有品牌最大化零售商的赢利性

◆ 不要将注意力放在自有品牌和制造商品牌两者毛利润率的比较上。

- 要作一个包括自有品牌和制造商品牌的毛利润率、总利润额和周转率等指标在内的全面赢利性分析。

- 运用品类中自有品牌存在这个事实，来提高从制造商品牌获得更高毛利润率的谈判资本。

- 避免在品类中过分强调自有品牌，这样会加强制造商品牌讨价还价的能力，因为消费者追求多样性。

- 考虑一下忠诚度和赢利性之间的平衡。当消费者从零售商那里购买更高比例自有品牌的时候，他们对于店铺也会有更高的忠诚度。大量购买经济性和复制性自有品牌的购买者对于零售商来说会无利可图，因为这降低了购物篮中产品的总价。

- 要认识到如果零售商推行大量的高端型自有品牌，与制造商品牌相比得出的自有品牌赢利性的消极结论就会很不一样。

制造商对抗
自有品牌的战略

在这一部分，我们开始研究那些能够让品牌制造商保持警醒的问题：它们怎么样才能应对那些大零售商和自有品牌这一新的现实呢？有没有什么办法可以让制造商品牌抵挡住自有品牌的冲击呢？

有些公司在观察到自有品牌份额不断增加后，想知道它们的未来是不是应该依靠于生产自有品牌，以利用它们的生产能力获取利润。因为比起努力去尝试看有没有机会击败自有品牌，也许加入它们的行列是更好的办法。第8章研究了品牌制造商通过探索两种方式而转变成为自有品牌制造者的生存能力。这两种方式是：（1）“双轨战略”模式，就是制造商同时生产自己的品牌和零售商旗下的自有品牌；（2）“专注于自有品牌制造”战略，就是指制造商集中自己的力量只为零售商生产自有品牌。

对于绝大多数制造商来说，生产自有品牌最多只是一个外围的活动。有人甚至形容这只是紧了紧绳子而已。它们的核心任务是将自己的品牌获利卖出，并且增长它们的市场份额。它们想用自己的品牌击败自有品牌，它们想知道如何才能做到这一点。

首先让我们听一下坏消息。和全球各地顶尖的品牌制造商一起工作的经验告诉我们，这个世界上并不存在能够一举击败自有品牌的灵丹妙药。没有一个简单的答案能够解决所有困扰着品牌制造商的自有品牌问题。不管营销顾问或权威们怎样声称自己有这样的妙方，事实是这些都是唬人的，根本不存在。但是通过辛勤的工作，效果一点一点地慢慢积累，品牌制造商可以通过四种战略的推进来正面限制自有品牌带来的威胁。这四种方法是：有效地参与、英明地革新、有选择地战斗和创造能取胜的价值定位。我们将在第9章到第12章分别讨论这四种行为。

自有品牌：狼来了

这四种方式并不是各自为战的，而是一个统一、具体和正面的攻击手段，也只有这样才能有一线生机。而且取胜之匙并不在于这些宏大的计划，而在于实实在在的执行力。而且大家还要清醒地认识到——这可并不能保证什么；我们必须要接受这样的事实：零售商手上也会有一手好牌。就像宝洁公司前首席执行官埃德温·阿尔兹特（Edwin Artzt）那句著名的话一样："我们不能指望事情朝着我们的方向好转，我们必须依靠自己变得更好。"

有一条注意事项必须说在前面。我们发现在品牌制造商能够击败自有品牌之前，它们必须改变一些头脑中根深蒂固的认识。当和品牌制造商谈论起自有品牌问题时，最令我们失望的就是很多高层领导者，特别是在美国，都不能正确地接受自有品牌新的现实。它们的有些高层经理还错误地认为自有品牌就是些低等货，并不能和制造商品牌形成竞争。在和美国领先制造商一起工作期间，我们对它们在客观质量、市场份额、对待消费者的态度等方面一系列的评价标准印象深刻。然而，我们在找寻它们针对其他零售商和自有品牌的评价标准时，却一无所获。这就像这个公司根本没有和自有品牌进行竞争！

然而低估自有品牌的事情可不单单发生在美国高层领导者身上。我们中的一个人最近参加了一个有最大和最受广泛尊敬的欧洲快速消费品公司首席执行官和高级管理团队参与的品牌战略研讨会。它们的首席执行官就轻蔑而错误地认为自有品牌的质量都非常低劣。他还不断强调他们在产品研发上拥有500个科学家。这名首席执行官就从来没有想过也许他们的科学家实在是太多了。或者零售商可以从其他品牌制造商或者专门的自有品牌供应商那里购买到高质量的产品。所以零售商并不需要500人的产品研发部门就可以制造出高质量的自有品

牌产品。

大多数拥有很大权力的高管们，当他们的职业生涯刚刚起步的时候，零售商相对很单纯，还沿街叫卖无品牌的原始状态型产品，目光也只放在本地市场，根本没有放眼全球。结果，这些管理着大的制造商品牌的高管们——更糟糕的是，他们又是毕业于著名商学院的MBA，这让他们很难对自有品牌产生重视，对零售商也傲慢自大。他们中的绝大多数根本不认为零售商和零售商的管理人员与他们在智力和社会地位上面是平等的。于是，制造商根本就不把自有品牌看成它们珍贵品牌的有价值的竞争对手。然而，随着零售商品牌的转型，制造商的固定思维应该转变转变了。

今天，我们不能把零售商挑战者仅仅认为是自有品牌。它们更确切地指的是零售商品牌或者卖场品牌，以及根据向它们的消费者传递信息的形式而形成的零售商行为。例如，家乐福的货架标签这么写着："家乐福也是一个品牌"（Carrefour，c'est aussi une marque）。甚至像沃尔玛这样的低价格大型市场玩家也意识到必须要塑造自己的品牌。2005年9月，沃尔玛在《时尚》（*Vogue*）杂志做了八页的插页，并且在纽约时尚周（New York Fashion Week）举办了自己的第一场时装表演。沃尔玛同时获得了一个名为Faded Glory的牛仔裤自有品牌，并且花额外的费用保留了原先的设计团队。Faded Glory现在是一个价值30亿美元的品牌，并且在《消费者报告》的独立测试中击败了 Wrangler 和 Liz Claiborne，当选为市场上最合身的牛仔裤。曾经拒绝让沃尔玛销售自己品牌的李维斯，看到自己牛仔裤的销售额从70亿美元下降到40亿美元。[1] 为了阻止销售额的继续滑坡，李维斯不得不在它庆祝150周年纪念时，专门为沃尔玛推出了一个时尚感十足但

价格更便宜的品牌Levi Strauss Signature。

如果品牌制造商希望在和自有品牌的战斗中取得胜利，它们必须要认识到零售商品牌：

- 在竞争层面上已经成为了一个长期对手
- 有着很好的质量
- 是有自己权利的品牌

除非品牌制造商的战略是基于对现在不容乐观的现实情况和它们自己的一个完整诚实的认识，它们就难以避免失败。这就是说，它们要为自己的品牌跟自有品牌好好地打一仗了。

为了更高的利润生产自有品牌产品

自有品牌制造商协会商展的购买者和销售者人数高达10 000人。

在自有品牌市场份额突飞猛进的现实面前，在必须使它们的生产能力完全释放的要求下，品牌制造商开始尝试成为自有品牌生产者。要获得自有品牌的生产权，这里有两种不同的策略可供制造商选择：一种是双轨战略，就是说制造商在生产自己品牌的同时也为零售商生产自有品牌；另一种是制造商成为一个专门的自有品牌生产者。

双轨战略

品牌制造商为自有品牌生产是一个普遍存在的现象。单单在美国，据估计就有超过一半的品牌制造商同样在为零售商生产自有品牌。这些制造商通常对此秘而不宣，以免损害到自己品牌的利益。然而，通过参观产业商展、检验展示和方案指南，我们不难发现很多公司都加入了为自有品牌生产的行列。例如：

- 美铝（Alcoa，拥有Reynolds Wrap铝箔）同样生产自有品牌箔、包装材料、塑料袋和一次性储藏容器。
- 博士伦（Bausch & Lomb）提供自有品牌眼睛护理产品和非处方类鼻科用药。
- Birds Eye为零售商品牌供应冷冻蔬菜和汤品罐头。
- Del Monte制造自有品牌汤品罐头、肉汤和肉汁酱料。
- McCormick提供作为自有品牌的香料、调味品、沙拉酱和派对蘸酱。
- 亨氏食品公司（H. J. Heinz）将自己的过剩产能用来为零售商生产汤品罐头和婴儿食品。

相反，其他的品牌领导者发誓它们不会参与自有品牌的生产。多

次重申过类似观点的公司有：可口可乐、喜力啤酒（Heineken）、家乐氏、宝洁、吉列和雀巢（咖啡）。[1]

是否应该参与到自有品牌的生产中，并不是一个容易作出的决定，因为同时有好几个因素要综合考量。这不是一个简单的对或者错的决定，而需要仔细地衡量两者各自的优点和缺陷。品牌制造商决定生产自有品牌的理由可以分成两种：创造额外的利润和在品类中获得更大的影响力。

赢利性

提供自有品牌一般都是机缘巧合。因为在短期内出现了供需的不平衡，品牌制造商就有了一些过剩产能。一个来自零售商的自有品牌订单恰好解决了过剩产能的问题。在那种情况下，任何超过生产变动成本而带来的贡献都是属于额外的利润。在短期内，从生意角度看这完全说得过去。

然而，从长期来看，为自有品牌生产除了是很多短期成功的累加外，什么都不是；如果要从赢利的角度来看的话，希望借此增强赢利性完全是天方夜谭。只有当公司在一个纯粹的特殊情况下，即完全是基于偶然和暂时，我们才能认为除去变动成本之外的部分可以被看成是对利润的贡献，这样在生意上看来才是合理的。然而，没有什么特殊情况可以不停地重复发生。所以，总成本必须要计算进来，但是这样赢利情况就发生了翻天覆地的变化。

自有品牌的生产消耗资本和有价值的管理时间，这的确容易挣到钱？因为制造商并不需要为之争取货架空间，但是这削弱了对于制造商自己品牌的关注程度。这就像麻醉品一样：短期内对于销售额的贡

献和赢利会让制造商精神振奋，但是长期来看，它会不断折磨你，你也难以摆脱掉。我们不止一次发现这些公司都忽略了这个显而易见的选择：要么通过关掉工厂，要么通过创造自有品牌领域，来让生产能力符合自有品牌的销售潜力。这避免了公司想要机器保持运转而落入自有品牌生产的陷阱，并且闲散资金和管理时间可以专门用来致力于公司自己的品牌。

Ralston Purina 和 Dean Foods 是两家通过创新自有品牌生产来减少生产能力的美国公司。1994年，Ralcorp Holdings开创了 Ralston Purina，它现在已经是美国领先的自有品牌食品生产，销售额达到17亿美元。2005年，Dean Foods 开创了Treehouse Food，出售自有品牌腌制食品和奶精粉，销售额大约为七亿美元。

两个例子

我们和一家饮料公司一起工作的经验形象化地证明我们关于赢利性的观点。这家公司的销售副经理声称，自有品牌的生产利润丰厚。然而，管理者却说只有当所有的固定成本（例如折旧、维护费用、某些劳动力费用）都转嫁到公司自己的品牌的时候，这个结论才成立。因为这家公司从事自有品牌生产已经有很多年了，这在账目（或者任何合理生意）上根本说不通。如果这些成本都合理分摊的话，自有品牌带来的就不是利润而是亏损了，而且公司还帮助自有品牌战胜自己的品牌！这种情况我们在其他公司也碰到过很多次。而且，这还没有考虑到对自己品牌销售额的侵蚀。

图8-1提供了一家同时生产自己的品牌和零售商自有品牌的美国食品公司的例子。[2] 它自己的品牌售价为每磅1.59美元，而零售商自

自有品牌：狼来了

有品牌产品的售价为每磅1.29美元。在某个特殊情况下，短时期生产自有品牌产品是行得通的，因为自有品牌的贡献和公司自己品牌产品的贡献相当，都是0.23美元。但是如果想让这种商业模式持续下去——即使是在不长的一段时间内——都必须让公司卖出足够多的自己的品牌来填补固定成本。

图8-1　自有品牌生产的实际成本：美国一家食品公司的例子

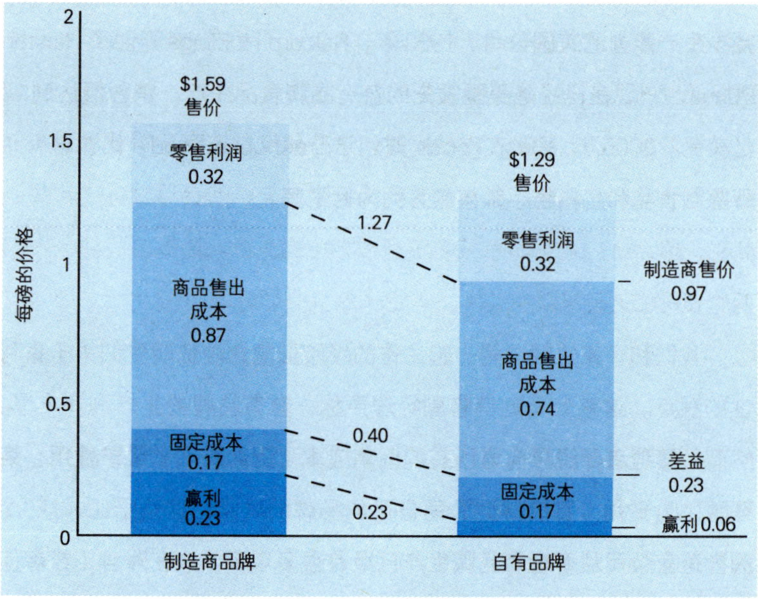

资料来源：John A. Quelch and David Harding, “Brands Versus Private Labels: Fighting to Win,” *Harvard Business Review*, January-February 1996, 104。

从长期的观点来看，如果固定成本必须考虑进判断自有品牌的赢利性中，事情就会变得更糟了。于是，公司只有卖掉四件自有品牌产品，获得的利润才与一件自己品牌的利润相同。这是不是很相似？我们相信这不是普遍的例子，因为如果将自有品牌侵占掉的制造商自己

品牌的销售额计算在内的话，现在已有的赢利状况会变得更差。

我们也曾经和一家资本结构与图8–1相似的食品公司一起工作过。这家公司旗舰品牌的市场份额高达50%。如果这家公司被自有品牌侵占了“合理份额”，它就会因为多销售了两件自有品牌而导致一件自己的品牌也没有卖出去，也会导致净利润急剧下滑：每销售100万件自有品牌产品，它就会损失11万美元。公司只有在只损失一半的“合理份额”的情况下——就是说，每销售四件自有品牌产品，才会导致一件自己的品牌滞销，公司才能保证不亏损。即使是那个销售副经理也承认这是不太可能发生的。

在考虑自己品牌被侵占的同时，这些焦点制造商还得要考虑竞争力量上的变化。即使不参与自有品牌的生产，仍然会导致自有品牌的存在，因为你的竞争对手可能正在帮零售商生产，所以这些处于焦点下的公司应该忽略自有品牌生产带来的消极影响。

管理品类

品牌制造商们同样可以通过从事自有品牌的生产来管理品类。这可以让制造商加强它们和零售商之间的关系——毕竟，制造商通过提供自有品牌产品表明了它们合作的想法。就像Ontario Foods 的首席执行官保罗·卢嘉格尔姆（Paul Luchsinger）所说：“制造商选择这么做的一个原因就是想与零售商培养更好的关系。”[3]

这种希望就是基于品牌制造商同时也是自有品牌供应商，所以零售商将会给制造商的品牌提供更好的货架分配、联合促销等作为回报。品牌制造商同时也更了解自有品牌购买者的需求和行为，毕竟这是许多市场的重要组成部分。支持参与自有品牌生产的人也会争辩

说，参与生产也会增加品牌制造商对于零售商的控制。这是一个来管理自己品牌和零售商自有品牌间价格差距的更好的位置，同时还可以管理自有品牌的质量。毫无疑问，这些都是些很有力的观点。但是它们是正确的吗？

这些观点都假设零售商会对品牌制造商以非常友善的合作行为作为回应。不幸的是，没有什么明显的证据能够证明这点。在与各种各样欧洲和美国公司合作的过程中，我们从来没有发现过很好的证据说明：生产自有品牌产品可以加强制造商和零售商之间的关系，并且导致品牌制造商自己品牌的产品受到产品支持上的优待。事实上，自有品牌合同只会让品牌制造商更加依赖一些大的零售商，迫使制造商暴露它们在成本结构的战略信息并共享它们的最新产品科技。这也就导致每次的自有品牌合同都给再生产带来巨大的压力。[4] 即使是最普通的商业感觉也说明这都是可以预见的。在绝大多数市场中，品牌力量等同于市场力量，如果考虑自有品牌的话，那就是零售商掌握着品牌力量。它可以使一个自有品牌供应商与另一个自有品牌供应商争斗，并因此占有即使不是全部也是大部分的渠道利润。可是如果没有这样做，那就暗示着零售商并没有最大化股东的权益。

但是，怎么解释我们经常听到的观点“如果我不做，我的竞争对手也会做”呢？这可能是真的，但是它低估了自有品牌生产带来的组织反作用力和营销力量的变化。加之管理者们将更不容易弄清楚制造商品牌交易溢价的多少，特别是在它既没有卓越的表现，销售量又没有领先的情况下更是如此。更重要的是，自有品牌生产会导致“结构上的精神分裂”。[5] 制造商品牌的长期投资和（基于形象的）差异化与自有品牌生产带来的短期弹性和最低成本在精神层面不一致。结构上

的混乱只有当制造商品牌和自有品牌生产在不同的账目管理下分开进行生产时会得到一定程度的缓解。然而，同样的零售账目和货架空间之间仍存在着潜在的竞争，并且降低了生产效率。

双轨战略经验带来的教训

因为增加自有品牌生产的双轨战略对于品牌制造商来说很有诱惑力，现实中又出现得很频繁，所以我们研究了不同行业中三个公司的例子。每家公司都推行双轨战略，但在运行时却面临着重大的挑战。我们相信它们的经验可以启发那些正经受双轨战略诱惑的品牌制造商。

Campina——重新关注品牌

欧洲奶制品公司Campina（2005年销售额超过40亿美元）开始意识到替自有品牌生产的负面影响时还不算太迟。2005年3月，它宣布它的利润被自有品牌的生产而拖累："我们在以最低的成本价为自有品牌生产奶制品。然而，我们在这些产品上的回报却持续让我们担忧。"[6]

幸运的是，在最近几年，它通过创新和营销在品牌塑造方面取得很大成效。当不再为自有品牌生产后，Campina的核心消费者产品品牌（包括Campina、Landiebe和Mona）的销售额占Campina公司总销售额的比例从2001年的21%飙升到2005年的44%。Campina的发言人瑞尔·费尔德曼（Ria Feldman）说："品牌化正在帮助Campina发展附加价值的产品，这也让超级市场的自有品牌更难抄袭

也更难卖了。”[7] Campina的经验强调了一种从利润压榨型自有品牌生产到更加奢侈的品牌领域转变的愿望，附加价值产品——这种方式已经让一大批像新西兰 Fonterra 这样的国际化奶制品企业取得了巨大的成功。

United Biscuit——重新调整生产能力

20世纪80年代末期，United Biscuit（UB）是英国曲奇市场上的领导者。[8]它决定大规模投入自有品牌的生产，以期满足自己的生产能力并获得短期利润。它把注意力都集中在自有品牌那里了，这就为自己的品牌付出了代价。它在自己品牌的营销和创新上都投入不足，久而久之自己的品牌逐渐败落。消费者开始去购买那些质量相当但价格更经济的自有品牌。所以这就一点都不奇怪为什么自有品牌在曲奇类市场的份额开始不断增长，而UB的市场份额却在不断丧失了。这个短期战略长期效果的形成需要一些时间，但是一旦形成就会越来越明显。1988年到1994年间，UB的经营利润减半，而在1995年，公司开始遭遇相当大的亏损。

到了2000年，UB被三家私有公司和卡夫食品联合收购了。正是因为这次收购，UB成功地杀回了饼干市场。和过去通过自有品牌的生产来满足过剩的生产能力不同，它这次开始减少自己的生产能力，并把这一举措看成是正在进行的重建项目的一部分。同时，像McVities这样的旗帜性品牌和UB旗下的其他英国品牌在对新旧两种品牌大量增长的营销投入的帮助下，开始以每年7%的速度增长。品牌销售额现在超过20亿美元，占总销售额的90%。UB现在是一家“通过利润丰厚的品牌增长专注于为集团实现最大化价值的企业”。

Apli纸业——面对两难选择

Apli是一家销售遍布全球100多个国家，年销售额高达7 200万美元的西班牙家族企业。这家公司是欧洲10大领先不干胶品牌制造商之一，是西班牙绝对的领导者。它的主要品牌是 Apli，产品通过分销商向各地出售。

许多年前，公司因为四个原因开始为分销商生产自有品牌：第一，它希望充分利用自己的剩余生产能力；第二，它认为这样可以帮助它加强和零售商之间的关系；第三，它认为“如果我不这样做，对手们也会这样做”；第四，扩大的生产量可以帮助公司在和供应商谈判时获得更多的资本。

为了追求效率，所有的品牌产品和自有品牌都在同一家工厂里面生产。两者质量不相同，但是差距并不明显。取而代之的是，公司尝试通过包装和更多的种类来差异化品牌产品。同时，同样的会计经理负责向分销商销售自有品牌和品牌产品，并将重点放在自己的品牌上，动机是为自己的品牌产品着想。

今天，自有品牌的生产量占到总生产量的四分之一。Apli品牌的营业利润率为40%，而生产自有品牌的利润率一直在10%左右徘徊。经营性利润率的差异是Apli面对的一个两难的局面。它一方面很难下决心放弃自己销售量的25%，另一方面这带来的经营利润率又低得让人无法满意。

当我们问 Apli 的首席执行官琼米·普格博（Jaume Puigbo），如果现在可以选择，他是否会进入自有品牌行业时，他说：“这在过去是一个高容量、中等利润率的生意。现在则是一个利润率非常低的生意，而且当我们将运输费用和销售成本都计算在内的话，很难算得上

公平。在现在这种利润率下，我们是不会进入这个市场的。”

双轨战略的恶性循环

我们用前面的经验例子说明了品牌制造商为自有品牌生产的真正危险是陷入一种恶性循环中（见图8–2）。它会降低公司对自己本身品牌的关注度。因为它要花大量的时间重新商议那些合同，要缓解公司内销售自己品牌和销售零售商自有品牌的销售员间的矛盾，要处理零售商要求制造商对它们的自有品牌优先（或以更低的利润）出货的要求。

图8–2　品牌制造商自有品牌生产的恶性循环

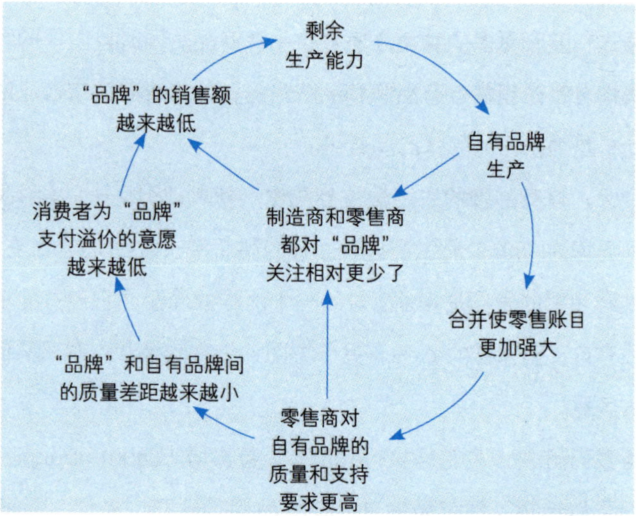

此外，生产自有品牌最终会导致制造商品牌和自有品牌间质量差异的减小，因为零售商会对制造商施加压力来让它们共享最新的技

术。事实上，有些领先制造商还真的为这种情况做过广告！例如，瑞典的快速消费品巨头SCA（2005年的销售额超过130亿美元）在德国的商业杂志*Lebensmittelzeitung*上登了一则广告，其中有段它的财务经理的声明：“我们始终坚持对自有品牌质量的重视和对自己品牌的重视是一样的。我们能保证！我和我的团队坚持这一点……因为自有品牌可以直接从我们自己品牌的质量和创新中获得利益。这点是SCA和竞争对手的不同之处。”这也许是真的，但是这到底是不是值得就没有这么明显了。SCA的经营性利润率比竞争对手，如金佰利（Kimberly-Clark）和宝洁，低了一半。这特别令人不安，因为我们在第6章就已经知道一个小的质量差距是驱动自有品牌成功的关键因素之一。

小的质量差距会导致消费者为制造商品牌支付溢价的意愿降低。公司对于自己品牌关注度的降低和消费者为制造商品牌支付溢价意愿的降低共同促成了自有品牌的成功。自有品牌份额的增加又反过来可以让制造商“理性地”继续自有品牌的生产。毕竟，这就是市场所需要的！从这种意义上说，自有品牌的生产已经成了一个自我实现的预言，为了自有品牌的成功给制造商创造了一个恶性循环。

制造商品牌能够通过双轨战略取得成功吗?

难道从上面的例子总结下来的结论就是品牌制造商生产自有品牌总是一种不明智的行为吗？这简直和因为“我不做，我的竞争对手也会做”而去生产自有品牌一样过于简单化了。关键的问题是：在什么条件下为零售商生产自有品牌才是合情合理的？首先，我们相信为了

利用剩余生产力而生产自有品牌是说不过去的。短时期内可以理解的决定和在经济上带来丰厚利润的决定基本上都有相反的长期结果。长时间内的负面结果比短期内（一般的）利润贡献要重要得多。自有品牌生产是一个战略性的决定，必须要基于长期考虑，包括产品成本分析的评价、竞争的考量以及品牌在市场上的地位。

生产成本至关重要的角色

在决定是不是要供应自有品牌产品的问题上，生产成本扮演着一个至关重要的角色。三种成本因素和价格开始活动了：

- $VC_{focal\ firm}$ 或者说是"我们公司"生产自有品牌的变动成本，通常指商品销售成本，这直接根据生产的变化而变化。
- $TC_{focal\ firm}$ 或者说是我们公司生产自有品牌的总成本，这除了变动成本外还要加上固定成本。
- $VC_{competitor\ firm}$ 或者说是为一个竞争者公司生产自有品牌的变动成本，也或者是由一个竞争者招致的商品销售成本，这个竞争者可能是一家专门的自有品牌制造商或者另一家品牌制造商。
- 价格 或者说是自有品牌的采购价格，就是指零售商付给自有品牌供应商的价格。

我们假设竞争者都采取机会主义行为，并且视野只限于短期内的利益。那就是说，如果至少能够收回生产的变动成本，它们就会愿意为自有品牌供应商品。和流行的产业"至理名言"说得一样（见表8-1），它们会考虑任何只要是高于生产变动成本的价格，因为这样可以帮助它们弥补固定成本。标准的经济学原理告诉我们：零售商可以将它的采购价格降到和竞争者生产的变动成本相等的程度，即价格

$= VC_{competitor\ firm}$。因此，我们可以区别三种情况（见图8-3）。

图8-3　品牌制造商什么时候应该从事自有品牌生产？

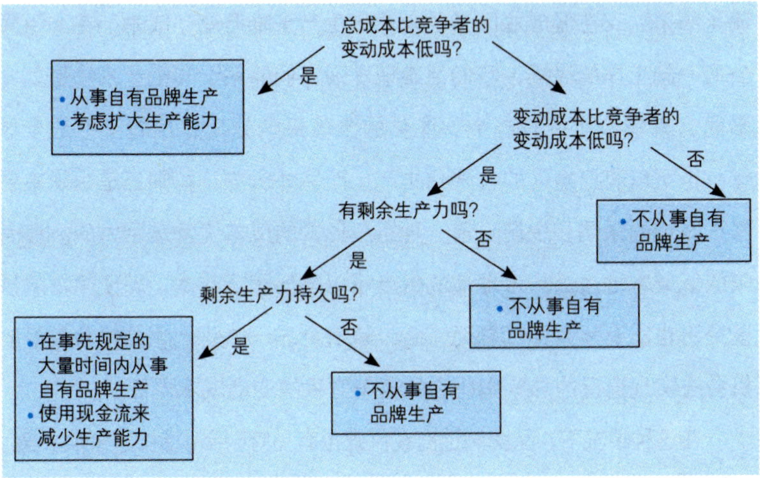

三种情况

1. $TC_{focal\ firm} < VC_{competitor\ firm}$：供应自有品牌产品。在这种情况下，每一件自有品牌的总成本比竞争对手的单个变动成本还要低。这样的话，公司遵循固有的会计准则并且可以在包括自有品牌在内的不同产品上分摊固定成本，还可以在自有品牌上获取利润。在这种情况下，生产自有品牌是相当划得来的。这对公司的整体赢利性都有贡献。同样有利于公司积累更大的生产能力，并收获规模经济带来的好处。这样，公司就会变成一个更加强大的竞争者。如果这家公司的生产规模不足以有效地满足自有品牌的需要，那么它就要考虑扩大生产能力，以满足标准的投资回报率的要求。

这种情况现实吗？这大部分取决于我们公司把自己的变动成本降

得比竞争对手更低的能力了，因为一家典型的标准普尔1500指数公司的变动成本比固定成本高3.5倍。[9]因此，变动成本的上升都会令公司感觉压力重重。公司可以通过更大批量的购买（规模帮了忙）、全球化的采购和在低成本区域的全球化生产来降低变动成本。在和不同公司一起工作的时候，我们惊奇地发现它们的采购和生产系统是如此不同。有些公司拥有一个一体化的全球采购处，并且即使不是全球化，也可以有泛地区的合理化生产；而另外一些公司则还是组织主要基于本地的采购和生产。前一种组织形式的成本优势是巨大的。在有限的低成本地区进行合理化的生产可以降低固定成本，即使简单的规模经济也能有所帮助。总而言之，随着全球一体化，大公司有最好的机会去实现自己的总成本比它的竞争对手的变动成本更低。

在这种情况下，品牌制造商在供应自有品牌时必须制定严格的规定，以确保在开始供应自有品牌的时候自己品牌的完整性不会被损害。品牌制造商生产自有品牌绝对不能：（1）使用跟随型包装；（2）表现出品牌产品的高端质量；（3）采纳品牌开发的新创新；（4）要求为零售商提供重要的营销支持，比如宣传材料、展示、广告和折扣。

2. $VC_{focal\ firm} > VC_{competitor\ firm}$：不要供应自有品牌。这是显而易见的。如果一家公司生产自有品牌的变动成本超过了竞争对手生产自有品牌的变动成本，自有品牌的生产就不能被接受。公司不可能获得足以抵消销售商品成本的收入。

3. $TC_{focal\ firm} > VC_{competitor\ firm} > VC_{focal\ firm}$：这要视情况而定。在这种情况下，公司从自有品牌生产中得到的收入将超过变动成本（如前面说到的，即零售商的购买价格等于竞争对手的变动成本）。因此，自有品牌的生产可以抵消一部分固定成本。然而，这样却不能足以抵消

公平份额的固定成本。如果公司没有剩余的生产能力，它就不应该从事自有品牌的生产，因为这样会降低公司的赢利。

如果确实还有剩余的生产能力，公司应该评估这部分剩余生产能力是暂时的还是结构上的。如果只是暂时的，我们建议不要从事自有品牌的生产，因为当需求上升时就会干扰自己品牌的需求，并且为以后开了先例。如果是结构上的，公司应该做两件事。首先，制订一个结构重建计划，使生产能力和预测的需求相一致。然后，在结构重建计划完成之前进行自有品牌的生产，这样这项活动产生的收益可以抵消结构重建的费用。通过这种方法，自有品牌的生产变成一种短期的行为，也符合公司的战略构想。不管剩余生产能力是结构上的还是暂时的，实施我们的建议需要勇气，因为最容易摆脱困境的方法是仅仅努力获取短期的利润。为了帮助经理们避免“短期行为”，董事会应该明文规定这一政策。

将自有品牌的生产作为竞争工具

一家品牌制造商之所以生产自有品牌是因为它同样可以将其作为一种竞争工具。公司可以通过生产质量特点模仿领先竞争性品牌的自有品牌来削弱竞争对手。公司也可以生产质量较低劣的自有品牌产品。在这两种情况下，制造商都保证了自有品牌的质量不会对自己的品牌产生伤害。这在战略上是说得通的，即使生产自有品牌本身利润并不高。

除非这个品类对于零售商来说不是很重要，我们很怀疑品牌制造商将自有品牌的生产作为一种竞争工具的能力。因为在那种情况下，零售商才可能不去详细规定自有品牌的质量特征，而仅仅以价格为依

据购买产品。我们和一家荷兰快速消费品公司在一起工作的经历就是一个例子。它主要的品牌在所属的品类中是市场领导者。这个品类对于荷兰零售商来说并不是很重要，它们只是购买价格最便宜的产品。规模经济允许它以一个在底部震荡的价格给消费者提供低质量的产品。通过这样一种方式，公司达到了三个目的：

- 它拒绝给予竞争对手通过提供高质量的自有品牌产品来伤害自己主要品牌的机会。
- 它不会给竞争对手在生产上形成规模经济的机会。
- 它针对的是那些永远都不会去购买它自己的（昂贵的）品牌的消费者，因为他们对这个品类的质量不太关心。

二线品牌

对于那些市场上较小的制造商来说，生产自有品牌也不失为一种选择。而对于那些没有领先品牌的公司，生产自有品牌可能是唯一的生存之道。例如，澳大利亚有两家领先的连锁集团Cole Myer和Woolworths，在2004 ~ 2005年推行了一个品牌精选行动，将一个品类中的品牌数从四或五个精简到三个，其中还有一个是自有品牌。一位零售业评论员说："那些小一些的制造商，特别是被大型超级市场从货架上清理出来的厂家，根本就没有什么选择。它们要不就是选择为超级市场生产自有品牌，要不就是在更小一些的专营零售批发的商店里销售，再不然就只好加入更大型的食品集团以求获得和超级市场谈判的更大力量。"[10]过了一段时间后，这些公司中的有些就从品牌制造商变成了我们马上要谈到的专业自有品牌制造商。

专业自有品牌制造商

公司同样也可以致力于专门为自有品牌生产。这样的公司在亚洲、美洲、欧洲以及世界上其他地方都不难找到，涉及的行业从食品、饮料、家居护理、健康美容，到家具、DIY产品、鞋类、服装和百货，种类繁多。到底有多少家专业的自有品牌制造商，我们没有准确的估计数据，但可以肯定的是，这个数字是以千为单位的。

专业自有品牌制造商通常有几个共同的特点。[11] 绝大多数这样的公司都是中小型企业，专业生产仅限于少数品类。它们都是高产量、低利润率的制造商。低成本是它们始终的追求：它们追求以极低的成本来满足生产能力。业务流程都富有灵活性，以应付产品的广泛多样性和生产的短期性。品类发展和需求创造都留给制造商品牌。它们自己的研究开发工作主要是观察、模仿和预见品牌制造商推介的新品是一个家居产品还是有一个新的时尚设计。它们还公开地自夸，说模仿制造商品牌的创新十分容易。

然而，还是存在巨大的挑战。最近由自有品牌制造商协会（PLMA）在世界范围内的零售商中作的一个研究确定了以下几个重要的问题：[12]

- 自有品牌制造商缺乏灵活性和想法
- 缺少自有品牌制造商在营销上的支持
- 在质量控制和产品发展上做得还不够好

当然，有人可以争辩说，这些问题本来就是专业的自有品牌制造商与生俱来的呀。零售商想在两个方面都做得最好：既要制造商品牌的创新能力和营销支持，还要自有品牌制造商提供高的零售利润。然

而，在同样一份 PLMA 的研究中，超过半数的零售商表明它们非常期待自有品牌供应商能够解决这些问题。在这方面做得最成功的两个公司当属加拿大的 Cott 公司和总部在英国的 McBride 集团。

Cott公司

Cott公司是世界上最大的自有品牌碳酸软饮料提供商和第四大软饮料制造商，排在可口可乐、百事可乐和吉百利史威士（Cadbury Schwepps）之后。[13] 除了碳酸类饮料外，Cott 还生产瓶装水、果汁、冰茶和运动饮料。在 2000 ~ 2005 年间，销售额从 9.9 亿美元上升到18亿美元，增幅高达80%。2000 ~ 2004年期间，营业收入从7 600万美元翻了将近一番，达到1.45亿美元，但是在2005年又下降到7 300万美元。虽然它也卖一些自己品牌名字的产品（比如 Cott、RC），但是它主要还是一个零售商自有品牌供应商，因为销售额的93%都来源于自有品牌。Cott供应整个北美市场74%和英国市场 44% 的自有品牌碳酸软饮料。它为各种各样的零售商生产自有品牌，包括 Sainsbury Classic，沃尔玛的 Sam's Choice和Great Value，以及Safeway Select。

Cott 的战略

Cott 的战略包括几个环环相扣的组成部分。首先，它整合了从产品研发、集中制造再到灌装和入库这一系列的操作环节。这可以使 Cott 在整个供应链上增加价值，并让消费者响应度达到最优。

第二个组成部分就是Cott自己的品牌和产品在产品研发过程中的角色。它先将自己的品牌提供给零售商，因为这样可以让它在生产自

有品牌产品前试验一下产品。Cott的Vintage Fruit Refeshers就是很好的例子，这是一种非碳酸类无热量的水果口味饮料。在它们贴上自有品牌标签以前，美国各种各样的零售商店都用这种产品做了试验。

第三个组成部分就是Cott 以顾客为中心的态度。它们不断在零售商周围完善自己的组织结构，与特定的零售商组建跨功能团队。连续五年，Cott都被《自有品牌购买者杂志》(*PL Buyers Magazine*)评为零售商品牌软饮料的“品类上校”(Category Colonel)。这个奖项是表彰那些“提供真正好质量产品，并与零售商建立了真诚的合作伙伴关系的”制造商。它是真心愿意和零售商分享最新科技和产品产生的价值。在2004年，它赢得了饮料论坛(Beverage Forum)的年度最佳公司奖项。就像评奖委员会所写的那样，“在Cott 的指引下，零售商已经使自有品牌的商品定位从简单地基于价格转换到与质量、创新和品牌资产价值相联系的价值主张上。通过将自有品牌品类改变成零售商品类——不但在名称上而且在精神实质上 —— Cott已经帮助它的零售商客户加强了品牌形象，并与消费者建立了新的联系。”

Cott公司面临的挑战

尽管 Cott 取得了成功，但是它同样也要面对一些重大的挑战。它非常依赖于最大的几个客户，最著名的就是沃尔玛，沃尔玛差不多占到整个销售额的40%。丧失任何一个关键客户都会导致公司赢利的大幅度降低。此外，它还要依靠客户们去成功出售它的产品。在20世纪90年代中期，英国可乐战争的例子是个值得警醒的教训。1994年，英国零售业巨头 J. Sainsbury 推出了 Sainsbury’s Classic Cola，供货商就是 Cott 公司。Sainsbury’s Classic Cola 很快在店内的销售份

额就上升到60%，在英国整个可乐市场中也能占到17%。Cott 公司股票价格一路飙升，而且势头不减。如果可口可乐和百事可乐公司也被打败，所有的品牌都要俯首称臣了。

然而，这两家可乐巨头反击了。它们以大量的营销投资作为报复：包装创新、价格促销和广告宣传。可口可乐公司利用它著名的"永远"（Always）的口号打了一场广告战。它显示一瓶可口可乐，以"永远"作为标题和关键词："我们只生产真的。永远。"（We only make the real one. We always will.）在这瓶可口可乐边上还摆着一大堆其他牌子的可乐瓶，标题为"决不"（Never），关键词是"我们不为其他公司生产可乐"（We don't make colas for other companies）。一段时间以后，可口可乐和百事可乐收回了大部分失去的市场份额，而 Cott 公司的股价从1994年最高的35美元降到1996年的仅仅7美元。

在2004年，因为推出了太多的新产品及生产复杂性的增加，公司经营性现金流大幅度下降。Cott实际地承担了推出新产品带来的高风险，因而Cott让零售商在接受其新产品前试销的意愿有很大的下降趋势。

在2005年，消费者关系价值的向下调整、重建的费用和总利润率的下降是因为价格的增长没有办法抵消成本的增长，这导致营业收入下降超过50%，利润发出了警报，它的股票价格也下降了50%。[14] 实际上，与它的品牌商品竞争对手可口可乐（21%）、百事可乐（14%）和吉百利史威士（17%）相比，1.4%的净利润率就相形见绌了。胆小的人是不能买Cott股票的。对于它的顾客而言，它有限的市场力量导致股票价格波动很大。

McBride集团

当Cott 公司把主要业务放在北美市场上的时候，英国的McBride集团把注意力都集中在欧洲市场。[15] 它是欧洲最大的自有品牌家居和个人护理产品供应商。最近四年的销售额从2000 ~ 2001 年度的8.71亿美元上升到2004 ~ 2005年度的9.67亿美元。在同一时期，经营性利润从4 300万美元上升到6 300万美元，销售回报率从5.2%也升到6.5%。英国是 McBride 最重要的市场，占总销售额的 40%。其余所有的销售额几乎都来源于欧洲大陆国家的市场。

McBride的战略

McBride 战略的一个重要组成部分就是以最快的速度抄袭品牌制造商推出的新产品。McBride 将自己定位为市场的跟随者。它不处在第一个发展创新的位置。然而，零售商却希望 McBride 在品牌制造商推出新产品的同时，也能有创新的产品面世。事实上，它能够在宝洁公司的 Ariel 和联合利华的创新产品Persil面世前，就为英国的合作零售商推出创新的清洁剂（液）。这说明，McBride重要的研发部门并不是将注意力放在开发真实的新想法上，而是放在观察和预见品牌制造商的研发活动上面。为了达到这个目的，它们参观商展、进行案头调研，并且调查样品和市场趋势。

McBride 战略的第二个组成部分是生产线的灵活性。它的生产线可以灵活地生产出零售商要求在很短时间内完成的产品。它的机器通过编程可以有效地识别一套基本的产品特性——比如产品高度或者基本尺寸——而且它们还可以通过改换模块来在过程中增加灵活性。基

本上同样的机器可以以相当节约成本的价格快速地生产出外观不同的产品。McBride 使用自己的原材料生产自己的产品，例如，它不用购买自己生产的塑料瓶子。结果这让它在响应零售商需求的时候有了时间上的优势，并且控制了生产流程中的成本、计划，还能准时交货。

第三，McBride 有经营上的卓越之处，包括对生产成本和生产能力有详细的了解。这让它们在越来越普及的网上竞价拍卖时占有优势。网上竞价允许一批经过挑选的制造商为大型跨欧洲合同进行竞价。这些投标是欧洲零售商大财团的，而且数量非常大。网上竞价是在时间很紧迫情况下进行的："投标者"必须在一两个小时的时间内提交一份报价。只有公司对它自己的成本结构和生产能力有详细的了解，这才有可能。如果McBride赢得了竞标，它就使产品适合地方市场和形式的需求。

第四，McBride更进一步地致力于和零售商建立基于彼此间信任的长期合作关系。为了达到这一目的，财务经理让零售商赊账的时间比品牌制造商长得多。此外，和品牌制造商的销售人员相比，McBride的销售人员有更广阔的知识面，包括最新的科技、生产、物流和产品的成本结构。

有趣的是，McBride已经认识到了品牌制造商所扮演角色的重要性和好处。它相信品牌制造商可以通过广告和创新来创造和扩大市场。这种"奢侈"是品牌制造商 —— 但不是 McBride —— 能够负担得起的，因为它们并不是以二级市场价格出售的。

McBride面临的挑战

McBride同样也面临着重大的挑战。在最近几年，它的赢利性都

没有什么变化。第一眼看上去，它的成绩很显著，因为自有品牌的数量在各个欧洲市场上都大幅度增长。然而，McBride 却受到两股力量的钳制：高投入成本和“价格紧缩”——一个表明零售商们正在逼McBride 作出价格让步的好听的术语。[16] 它可以通过总量的提升、减少企业的一般管理费用和提高运作效率来抵消这些负面影响，但是这些仍然有它们的局限。

McBride 销售优势在自有品牌的家居护理产品（洗衣液、清洁产品、气雾剂等）上。这个市场以越来越普及化和价格竞争为特点，这让 McBride 很难要求更高的价格。个人护理市场价格敏感度较小也更有潜力，可以避免价格竞争。

McBride 模式非常依赖于市场情报，用于在初期就获取创新点——最好在它们被推出之前，还依赖于它复制这些产品的能力。制造商品牌开始越来越了解自有品牌制造商带来的威胁，并尽可能久地保守创新的秘密，以及用专利保护它们。

对于 McBride 来说，在没有强大的自有品牌的情况下想要取得高利润是很困难的。与品牌商品竞争者，比如说宝洁、联合利华、高露洁（Colgate–Palmolive）和利洁时大约15% ~ 20% 的经营性利润率相比，它的6.5% 的经营利润率就显得相形见绌了。说明它处于弱势的竞争地位，它的股票价格表现在最后10年（+19%）落后于综合指数，例如英国金融时报（FTSE）250指数和个人护理与家居产品的指数，它们在同一时期已经翻了一番多。

专业制造商成功的关键因素

这些公司的例子都揭示出专业自有品牌制造商成功的关键因素主要集中于以下几点：

- 低成本
- 生产线有很大的灵活性
- 市场情报关注于识别和复制市场上出现的新产品

这些标准表明制造自有品牌也是有利可图的生意。北美和欧洲的发达市场依然是这个世界上最重要的市场。因此，位于这些市场的公司在市场情报上有与生俱来的优势。然而，位于像印度和中国这样新兴市场的公司拥有明显的成本优势，在生产的灵活性方面即使谈不上更好，也不会更差。

假设像沃尔玛、乐购、家得宝、宜家、H&M和家乐福这样精明的零售商有能力去开发它们的市场情报，而新兴市场的公司由于有成本上的优势，因而在今天的市场上占有越来越重要的地位。这些公司可以提供低价格的产品，而且还能从生产中赚到钱。

章节要点

成功的双轨战略

- 考虑从事自有品牌生产的全部成本。唯一例外是：

  —— 如果自有品牌的生产确实是偶然发生的，并且只是一个短期行为，在这种情况下，超过生产自有品牌变动成本的收入就是利润。

  —— 是否有可信的证据表明供应自有品牌能够让制造商自己品牌的产品在零售商那里得到优待。

- 必须利润丰厚，通常这是因为公司能够比竞争对手享受更大的成本优势。

- 不要：

  —— 因为价格透明而减少品牌制造商为公司自己的品牌向零售商调整溢价的能力。

  —— 淡化对制造商自己品牌的关注。

  —— 借鉴最新创新并应用在零售商自有品牌上。

- 评估减少生产能力的选择。

成功的专业自有品牌制造商

- 时刻关注成本，产品生产线具有很大的灵活性，关注当新产品在市场上出现的时候就识别和复制制造商品牌的创新的市场情报。

- 趋向于中小型企业，将工厂越来越多地设于像印度和中国这样的低成本国家，而不是工业化的西方国家。

有效合作，巧妙构建双赢关系

宝洁公司每年在沃尔玛的销售额为100亿美元。

为了形象地说明零售商的强大，看一下世界上最大的零售商沃尔玛在制造商全球销售额中占有的比例是十分有意思的。例如沃尔玛占有Dial售额的28%，Clorox总收入的25%，并且是宝洁公司营业额的16%（见表9–1）。这些数字有着深刻的含义。它表明沃尔玛每年向宝洁和卡夫分别购买价值90亿美元和45亿美元的产品。自从宝洁收购了吉列以后，沃尔玛现在为宝洁提供超过100亿的销售额——这个数字超过了牙买加全国的国民生产总值。另外，沃尔玛还向 Clorox、通用磨坊、萨拉・李和家乐氏购买价值超过10亿美元的商品。

表9–1 沃尔玛占快速消费品公司总销售额的比例

公司	全球销售额（千万美元）	沃尔玛所占的销售额比例	在沃尔玛的售额（千万美元）
Dial	1 345	28*	377
Clorox	4 324	25**	1 081
萨拉・李（品牌服装部分）	6 426	22	1 414
露华浓	1 297	21**	272
劲量（Energizer）	2 813	17**	467
宝洁	56 741	16	9 079
通用磨坊	11 244	16	1 799
家乐氏	9 614	14**	1 346
卡夫	32 168	14**	4 504
吉列	10 477	13**	1 362

* 2003年 ** 2004年或2005年

资料来源：公司年度报告。

随着零售商的不断整合，品牌制造商流入最大的零售账户的销售额比例正在增加，而且还将继续增加。前10位零售商现在通常会占

到快速消费品公司全世界范围内销售额的30%～45%，这个数字制造商们可不愿意泄露，这暴露了它们的软肋。然而在2003年，Dial报告说排名前10位的零售顾客占总销售额的57%！品牌制造商现在必须学会积极有效地和这些大零售商合作，并将和它们之间的关系从对抗转换成双赢。[1]

有效率的零售商们并不是敌人

像亚马逊、百思买、好事多、Lidl、Save-A-Lot 和沃尔玛这样快速增长的零售商往往会被制造商品牌看做是摧毁价值的洪水猛兽，因为这些零售商都以很低的价格销售它们的制造商品牌产品。这和制造商传统的、通常是低效率的渠道相冲突。但是这些零售商不断增长的事实正好解释了其中的原因：它们在将品牌产品从制造商那里最后转移到消费者手里的过程中很有效率。更低的分销费用意味着它们可以以很低的价格给消费者提供品牌产品，并且因此而不断扩大市场。品牌制造商必须根据消费者希望到什么地方购物来跟随和分销它们的产品，否则的话它们将被不断衰退的渠道拖入泥沼。[2]就像萨拉·李的首席执行官布伦达·巴恩斯（Brenda Barnes）形容的一样："消费者在哪里购买我们的产品，我们就应该出现在哪里。"[3]所以我们可以看到，萨拉·李现在在Save-A-Lot里面销售各种派。

并不是说有效率的零售商就不会面临自身的挑战。零售商可以从以下三个领域在与品牌制造商的有效合作中获得好处：

- 零售商需要高质量的自有品牌。
- 零售商需要将自己和其他的零售商区分开来。

- 高折扣零售商需要在它的种类中包含制造商品牌。

在前面的章节中，我们已经讨论过品牌制造商生产自有品牌。现在让我们看看其他两个领域。

零售商对差异化的需要

零售商希望品牌制造商帮助它们通过独一无二的品牌和产品形成差异化。历史上，绝大多数的品牌制造商在不危及自己成本结构的时候是不会为了个别零售商提出的要求而为它们定制产品的。现在的局面有一点点不同，超大型零售商大规模地订购可以个别交付。品牌制造商可以通过专属的品牌、专属的存货品目以及共赢基础上独一无二的一次供应，来迎合零售商的需求实现差异化。

专属品牌

雅诗兰黛（Estée Lauder）最近新创立了四个品牌（American Beauty、Flirt、Good Skin 和 Grassroots），这些品牌至少现在看来都只在中等价位的百货连锁店Kohl's中才能买到。Kohl's不能在宝洁和联合利华这样的大市场品牌公司那里与沃尔玛和塔吉特进行对抗。Kohl's也不能期待雅诗兰黛将 Lauder 和倩碧（Clinique）这样声名赫赫的品牌从传统的百货公司转移到自己的店铺里面来。如果Kohl's可以保证一定的销量，而雅诗兰黛能够控制它的这些新品牌的成本，这些独有的品牌就可以在它们之间建立成功的互利伙伴关系。

然而，从长期来看，至少在我们看来为个别零售商生产专属品牌

是一个花费巨大的战略。一旦这些品牌变成了市场热点，限制只在一家零售商那里销售在逻辑上就不再行得通了。对比单个的零售商，限制它们只在一个类型的渠道销售——指作为渠道品牌——更实际可行。然而对于很多大市场制造商品牌来说，这样做恐怕也是不合适的。取而代之的是，无论目标顾客在哪里购物，制造商品牌就要在哪里出现。毕竟制造商品牌对抗自有品牌的关键力量在于它们有更多可获得性。

传统存货品目

比起发展专属品牌，我们相信制造商为单个的零售商提供专属的存货品目更可取。例如雀巢为 Vittel 矿泉水设计了一款中间部分比较细以便顾客使用的独一无二的两升装瓶子。这种瓶子是专门为欧洲的 Lidl 制作的。每周，54 辆火车满载从法国的 Vittel 工厂生产的瓶子开往欧洲的分销中心。雀巢公司董事长兼首席执行官包必达说，“这将成为一次非常好的合作”。[4]

这种主动带来的结果是，雀巢在欧洲杂货销售额的5%都来自高折扣零售商。如果管理得当，这样的销售额对于制造商来说有很高的赢利性。尽管零售价格更低，但是从在 Lidl 销售 Vittel 获得的利润率与雀巢从其他零售商店获得的利润率一样高。一次大规模地订购一样商品，无论在生产上还是渠道分销上都形成了规模效应。比方说，雀巢可以将一条生产线都专门用于生产 Lidl 的 Vittel 瓶子。[5]

这是如此深刻的经历，以至包必达说道：“10年前，我们还和零售商争得不可开交。但是我们不应该忘记它们曾经投入了很多钱来构建分销系统，以降低价格并帮助我们在产量上不断增加。所以现在我

们希望成为一个合作伙伴，而不仅仅是一个供应商。”[6]

Macy’s是另一个越来越依赖于专属商品以使自己区别于竞争者百货商店的例子。在和像Tommy Hilfiger这样的品牌制造商合作以后，它现在有价值20亿美元的存货品目只在Macy’s的商店里面才能买到。[7]

独一无二的一次供应

零售商还可以帮助品牌制造商找到一个新的细分市场，并且如果操作好的话，制造商还可以在不损害品牌定位的情况下利用这个机会。我们可以看看H&M在2004年秋天与香奈儿（Chanel）的设计总监卡尔·拉格菲尔德合作的这一零售妙计。认识到最近的女性去香奈儿是为了拥有一瓶香水，H&M便说服拉格菲尔德专门为H&M设计一款限量珍藏版。拉格菲尔德还被明确指示：H&M并不需要高级女装，但是产品必须具有商业可行性。[8]

当拉格菲尔德珍藏版到达店铺的那一天，大群对便宜货敏感的时尚顾客将H&M门口堵得水泄不通。许多产品，例如99美元一件的灵感取自香奈儿的黑色小洋装，在几个小时内就被抢购一空。拉格菲尔德本人也对这一反应大吃一惊：“所有的产品在三天内都售罄了，即使是那些最贵的。”[9]而对H&M，同样的店铺在这个珍藏版推出的那个月销售额飙升了12个百分点。与此同时，限定范围和限时的供应同样可以帮助香奈儿制造轰动，而且不会降低品牌的声望。在2005年，斯特拉·麦卡托尼为H&M专门设计的40款产品同样取得了成功。

这种限时的独一无二的产品战略之所以能够成功，是因为这个产

业的制造环节都下放到了像中国这样的低成本国家。因此价格上的弹性更多的是来源于大量的第三方网络而不是设计师，而且生产是一个批次的生产类型。品牌并不具备有限容量的生产设备，因此这样的个别订货没必要最优化和平衡日常的生产计划。

高折扣零售商对制造商品牌的需要

那些传统上将自有品牌作为自己经营重点的高折扣零售商也逐渐对增加一些制造商品牌有了兴趣。现在，价格是那些去高折扣零售商店购物的消费者的首要决定因素。如果更多有效率的竞争对手进入这个市场，现在这些高折扣零售商的地位就很难保全了。因为高折扣零售商的成功，它们的密度在增加——例如，超过80%的德国家庭在15分钟的车程内都能找到一家阿尔迪或者Lidl 商店。于是，高折扣零售商都在寻求机会通过品种分类战略来使自己区别于其他零售商，以此摆脱纯粹的价格竞争。通过平衡自有品牌和制造商品牌的供应，可以提升高折扣零售商的表现，因为众所周知，制造商品牌会带来大量的人流。另外，在很多品类中，就有一部分消费者偏爱制造商品牌。

事实上，制造商品牌现在是Lidl 持续增长的一个主要动力。2004 ~ 2005年间，Lidl 自有品牌的增长率是9%，而它出售的制造商品牌产品的增长率则是16%。相反，它的对手德国高折扣零售商JC彭尼的总销售额却下降了，原因是不重视制造商品牌，导致制造商品牌销售额下降了7%，即便是它的自有品牌销售额上升了（1%），也不能补偿因此带来的损失。

因为Lidl拥有更大比例的制造商品牌，它已经在一些市场上超过

了阿尔迪，因而即使是强大的阿尔迪也不能拒绝制造商品牌的诱惑了。根据Lebensmittel Zeitung的报道，阿尔迪已经开始与Ferrero和其他的品牌制造商商讨在它的店铺里出售它们的品牌了，这完全是为了从它最大的竞争对手Lidl那里把顾客争取过来。[10]

图9-1提供了一些在德国Lidl公司取得成功的品牌的例子。[11]在很多品类中，Lidl通过增加主要的制造商品牌而赢得了更多的市场份额，而同时制造商品牌在 Lidl 也获得了更高的市场占有率。它们

图9-1　在Lidl取得成功的品牌例子

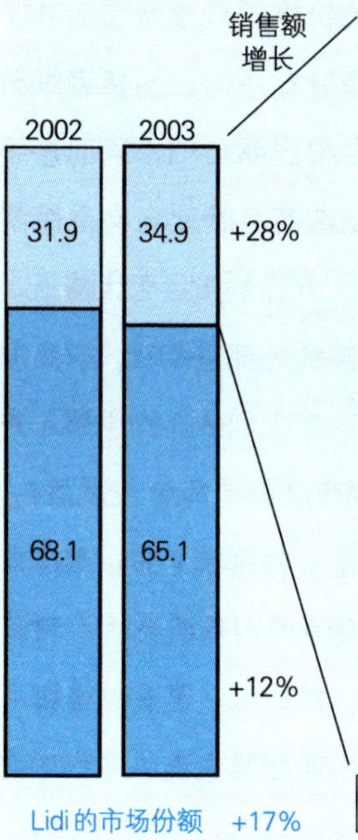

清汤、肉汤	家乐（Knorr）
卫生巾	Carefree
除臭剂	蕊娜（Rexona）
咖啡萃取物	Onko、雀巢
调味料	家乐
干炒食品	家乐
各种果汁	Hohes C、Albi、Emig、Capri Sonne
头发造型品	Drei Wetter Taft
洗发水	施华蔻（Schauma）、妮维雅（Nivea）
干狗粮	Frolic
湿猫粮	Kitekat
番茄酱	亨氏
利口酒	Diana、Kümmerling
人造黄油	Becel、Deli Reform、Bertolli
洗碗机	Somat
巧克力	Mon Cheri、Die Besten、Celebrations、Rocher、Choco Crossies
朗姆酒	Pitu
肥皂	Palmolive
冰激凌	Langnese
干甜品	Dr. Oetker
洗衣粉	Persil、碧浪（Ariel）、Weisser Riese
织物柔顺剂	Vernel

资料来源：Thomas Bachl, "Big Splurge or Piggy Bank: Where Are the Markets Heading For ? "（presentation given at the annual GfK Kronberg meeting, Kronberg, Germany, January 27, 2004），转载得到许可。

创造了一个稳定的双赢局面：Lidl 和制造商品牌都从彼此那里得益。

高折扣零售商双赢局面的驱动力

双赢局面什么时候更容易发生呢？我们和同事一起对欧洲三个主要国家（英国、德国和西班牙）的六家高折扣零售商中的超过400个品牌进行了研究，探讨驱动双赢局面的关键成功因素。[12] 这三个国家都有强大的高折扣零售商，也有活力十足的自有品牌前景。我们发现，样品中的品牌产品几乎有一半能给合作双方都带来巨大的成功。高折扣零售商和品牌制造商都从制造商品牌和高折扣零售商的自有品牌巨大的价格差异中受益。一个巨大的价格差异预示它们并不仅仅是替代品，而是制造商品牌和自有品牌针对不同的消费者细分市场或者购买时机。当然，最佳的价格差距根据品类的不同而各不相同，但是我们发现，最佳价格差距都在制造商品牌比自有品牌贵75% ~ 150% 这个范围内。超过150% 的话，双赢的机会大大降低。

我们的研究有惊人的发现，当品牌有精美的外部包装时，双赢局面更容易发生。为了节约成本，高折扣零售商在它们的店铺中展示产品时通常是不打开外包装盒的。41% 的制造商品牌是有外包装盒的。迄今为止，几乎没有制造商将这个盒子看成是一种营销手段：商店里出现的包装盒只有14% 是被很好地装饰并设计得很有吸引力。我们建议制造商在将品牌运送到高折扣零售商那里的时候，要在创造精心设计的包装盒上加大投入；同时我们也建议高折扣零售商在它们的店铺中用这些设计精良的包装盒呈现制造商品牌。

最后，我们建议制造商在给高折扣零售商供货的时候，注意要让品牌不断创新求变——就是说，品牌不能让人感到厌倦和陈旧，而是

要不停升级，加入一些新的元素。创新的品牌不但可以在高折扣零售商缺乏创新的分类中脱颖而出，它们同时还可以增强整个品类对消费者的吸引力。

我们在这些公司工作期间，高管们经常提及他们很担心在高折扣零售商那边的品牌销售额会被侵吞，因为传统的零售商销售价格更高，看起来也更能赢利。这是一个有充分根据的担忧。然而，这高估了实际和实现的价格——不是订单上的价格——是消费者在传统的渠道里面为品牌支付的价格。事实上，我们的研究发现，传统零售商和高折扣零售商为制造商品牌支付的实际价格并没有太大的差异。这怎么可能呢？这是因为高折扣零售商经常会使用一个每天都低价（EDLP）的战略，而很多传统零售商实行的是高低价（Hi-Lo）战略，时不时地搞一些价格促销。品牌忠诚的消费者在有价格促销的时候就囤积一些货，结果对于制造商来说实际价格要比看上去低得多。此外，研究表明，很多情况下，传统的零售商感觉不到销售额被侵吞。在高折扣零售商那里推介品牌通常会让品牌销售额的总量增加，可以从对手品牌和高折扣零售商的自有品牌那里拉来顾客，同时也可以让那些喜欢一次购买很多商品的消费者增加他们的消费强度。这时制造商可以考虑提供一个不同大小的包装，以减少和主流的零售商客户间潜在的渠道冲突。

在各种渠道间保持平衡

认识到新的现实，雀巢最高层的管理人员向投资者透露，他们将通过与高折扣零售商磋商来进行反抗，以让更多的雀巢产品放在它

们的货架上。[13]但是事实并没有看起来这么简单。这不是一个只用拿出已有的产品然后通过高折扣零售商销售的问题。问题在于，如何在不损害某一方与传统渠道生意的情况下更好地和高折扣零售商进行合作。在美国，宝洁意识到它们不得不与发展起来的美元商店合作。2004年，宝洁通过创造叫做 Folgers Country Roast 的更低价的品牌，来与 Save-A-Lot 进行合作，在它的商店销售 Folgers 咖啡。[14]

在一项新产品的研发中，除了消费者的需求外还要考虑更多。制造商品牌必须要考虑怎样使制造商产品满足不同类型零售商的需要——怎样让新产品帮助零售商实现差异化，怎样产生更高的每平方英尺的利润，怎样增加商场的人流量，怎样提高库存的周转，怎样为零售商降低资本的成本。这些都是零售商评价制造商品牌的标尺。总之，零售商想在吸引其他零售商的顾客上获得帮助，但是这正是制造商一定要小心应付的地方。

总而言之，制造商毫无疑问还必须学会与那些大的并且还在不断发展的零售商有效地合作，即使这些零售商正好是它们最讨厌和最畏惧的。当这些零售商经常把购物者差别的挑战推给制造商的时候，大多数制造商都必须和有着竞争关系的零售商有效地合作这一敏感问题就出现了，在某些情况下，是有可能通过特定类型的渠道而有专属品牌的。在存货品目内定制——比方说，提供不同尺寸的产品——更可行。但是即使这样也有很多的限制。最普遍的情况是，合作关系被替换为为了降低关联的分销成本而不得不一起工作，并从制造商的产品中开发一个精选组合以与个体零售商的战略一致。

最后，我们还要记住，让任何一家零售商变得比其他零售商更有竞争力可不是制造商分内的事情。品牌制造商只有在努力支持现有渠

道而牺牲更新、更快发展和更有效率的分销形态的时候才会陷入麻烦中。同样要注意，照顾某一家制造商而忽略其他制造商也不应该是零售商应该做的事情。当它们追寻最终消费者的偏好并且学会和消费者最喜爱的品牌或渠道一起工作的时候，根据具体情况而定，两者都能做到最好。

章节要点

成功地构建双赢关系的品牌制造商

◆ 要和那些已经看到制造商品牌需要的、快速发展并有着超高效率的零售商合作。

◆ 为满足零售商差异化的需要，可以通过：

—— 专属的品牌，如果零售商提供足够的规模。

—— 独一无二的存货品目，如果品牌制造商有灵活的经营能力。

—— 独一无二的一次性供应，如果在短期内剩余的生产能力能够得到保证。

◆ 在出现以下情况时与高折扣零售商合作。

—— 自有品牌和制造商品牌之间存在一个很大的价格差距（75% ~ 150%）。

—— 制造商品牌被展示在一个很有吸引力的包装盒内。

—— 制造商品牌能够给高折扣零售商的品类带来创新的品质。

◆ 通过给高折扣零售商提供不同尺寸的产品来减少渠道冲突。

◆ 它们看起来像是遵循关于消费者喜好分布的市场趋势，而不是根据自己的喜好来操控分布。

通过聪明的创新击败自有品牌

自有品牌在创新度很低的品类中比在那些创新度很高的品类中取得成功的机会要高56%。

经理、学者和咨询专家都认同这一点：和自有品牌竞争最好的途径就是推出创新的新产品。就像一位行业观察家就管理和沃尔玛的关系时所说的："你必须给沃尔玛新的产品——消费者需要的产品。因为只有这样，沃尔玛才没有办法压低你的价格。它们没有历史数据，你也没有竞争对手，它们还没有在自有品牌市场招标到产品。这就是你能够有更高的价格并获取更高利润率的原因了。"[1]这可能说的就是和有着积极自有品牌项目的大零售商的关系。[2]

对于自有品牌来说，新产品是个屏障

学者研究和实际的商业经验都支持这样一个事实：如果在一个产业中，投放的新产品数量不断上升，那么自有品牌在这个品类中的份额就要下降。近来由于制造商品牌在牙刷和酸奶上新产品的大量出现，这两个品类中自有品牌的份额都有所下跌。如果一个产业中品牌制造商始终如一地使用新科技并不断创新，那么这个产业中制造商就会拥有强大的品牌力量，而零售商则相对处于弱势。

就运动鞋这个品类来说，例如像阿迪达斯、耐克和锐步（Reebok）就创造了最前沿的创新并拥有技术上的优势。它们布属有竞争力的议事日程，并且请顶尖的运动明星来驱动需求。此外，这个品类又碰巧是一个有着极端的可见消费量的品类。这就导致了对品牌的敏感，这是一个购买者到零售商那儿来直接寻找耐克或阿迪达斯运动鞋的品牌驱动的市场。如果零售商没有存货，消费者就会离开。在2005年，英国处于繁华街区的零售连锁店JD Sport被Pentaland收购了。Pentaland旗下拥有像Speedo、Kickers和Ellesse这样的运动品牌。

自有品牌：狼来了

很难想象一家主要的零售连锁店居然会被一家快速消费品的品牌制造商所收购。

在和自有品牌作战的过程中，对于创新活动的效力，最引人注目的证据来源于我们在全球23个国家开展的针对很多快速消费品品类的研究。在每一个国家，自有品牌在创新活动更低的品类中更易取得成功。当研究了整合后的所有品类和国家的数据后，我们发现在创新活动低的品类中自有品牌的市场份额比那些在创新活动高的品类中自有品牌的市场份额要高出56%。

扩展型创新和开拓型创新

几乎所有的快速消费品公司都将创新和新产品排在它们公司议事日程的顶端，但挑战是要发展与众不同的创新产品。在零售商自有品牌特别是有强劲竞争对手的食品业，创新在这个科技含量相对较低的行业主要是模仿，真正意义上的差异化很难实现。

因此公司应该拥有一个双向出击的创新战略。这个战略一方面要求公司推出稳定数量的新产品这样一个扩展型的创新战略，面对零售商和竞争对手的是一个移动的靶子。从某种意义上说，这和持续提高质量（见第12章）比较接近。这一持续的扩展型创新战略还要结合不断进行更为开拓型的创新，不管是通过新科技还是创造新的商业模式。

例如，行业领先者Campbell Soup正在尝试创造一连串的扩展型创新。公司20%的销售额来源于新产品。例如，在最近几年，它推出了可微波加热的汤碗和一系列由更普遍用于果汁的消毒硬纸盒包装的冷藏汤。Campbell Soup的首席执行官道格拉斯·科南特（Douglas

Conant）说："因为我们在所有新科技上都处于领先地位，自有品牌对我们的威胁减小了。这对于那些企图跟随我们战略的人来说，也是一个相当昂贵的计划。甚至那些本身就基于微波加热产品平台的厂商，一旦它们在这方面进行投资，它们就得陪我们玩到底。"[3] 因而，Campbell Soup 现在很享受在它核心市场的强势地位和高达 16% 的经营利润率。[4]

所以我们看到，创新是对抗自有品牌成功的最有效对策。但是这个说起来容易，做起来却很困难。这是一个风险性非常高的战略，如果绝大多数新产品在市场上失败了，公司就要大祸临头了。以往的咨询经验告诉我们，妨碍新产品成功的三大最主要的障碍是：

- 研发部门开发的产品根本对市场没有吸引力
- 新产品投放的战略是无效率的
- 在知识产权的保护过程中，新产品很快就被零售商复制了

我们将继续深入地探讨每一个过程，重点关注品牌制造商应该做些什么来提高新产品成功的概率。

新产品研发过程

一个有效的新产品研发过程应该在新产品内引入适量的刺激点，并且在最开始测试新概念产品的时候，重点要放在适当的消费者身上。

产品新奇度的重要作用

衡量一个产品有多少吸引力的重要标准就是看这个产品的新奇程度。我们自己针对不同国家推出的成百上千种产品的研究，不断印

证了在新鲜程度和市场成功间存在着一个U形的关系。无论是扩展型创新产品还是开拓型创新产品都比新奇度居中的产品要更成功。这些新奇程度居中的产品刚好两头不讨好：和扩展型创新产品相比过于复杂，和开拓型创新产品相比又没有那么先进。这种情况还将不断地延续下去。在这个普遍的原则中，我们发现从长期来看，开拓型新产品能够提供最佳的增长平台。

在推出新产品以前，请消费者和外面的专家来评估概念新产品的新奇比让自己公司的经理来评估的效果要好得多。从我们的经验来看，公司高层经理们都倾向于高估新产品的新奇度。那些被外面的专家评定为新奇程度中等的产品在推出以前一定要再鉴别一下，通过仔细的审查来评定有没有可能在某些部件上加以修改以增强它的新奇度。测定新奇度并不一定要很复杂。在我们的工作中，我们成功地设计了一些条目，让受访者（消费者、外面的专家）在诸如新奇程度、独特性这些方面用简单的5分和7分制标出他们的判断。

一种合并U 的两个端点的方法叫做脉冲战略，这种全新的创新随着时间的推移被越来越多地推广开来。这是通过扩大的产品改进和线性延伸，基于市场反馈和在下一个全新的创新前增加一些适当的附加物来调整生产。这样的战略比持续的中等程度创新看起来更容易成功。宝洁公司的 Swiffer 清洁系列就遵循这种战略，在一个相对短的时间内建立了一个价值超过10亿美元的品牌。最开始的 Swiffer 是一个主要的创新，而随后的扩展型创新包括Swiffer Wet、Swiffer Dusters、Swiffer WetJet、Swiffer Mitts 和 Swiffer Max。

和合适的消费者谈话

在研发过程中，扩展型的新产品通常来说相对更容易完成，而开拓型的新产品问题就更多了。大家都知道，主要新产品创意的产生对于增长来说是至关重要的瓶颈。[5]消费者是新产品创意的重要来源。不幸的是，在新产品研发的过程中，很多有意思的想法都被扼杀了，因为关注的消费群体拒绝开拓型激进的概念。这是一个基本的心理学上的趋势。很多人通常都拒绝接受他们不熟悉的事物。荷兰的谚语很生动地形容道："不熟悉导致不喜爱"（onbekend maakt onbemind）。不幸的是，大多数公司在新产品研发的过程中找的都是不合适的消费者进行谈话。他们不应该考察那些"具有代表性的"样本的意见，而是应该有目的地选择那些被称之为性情创新的、有着很强的个性特征的消费者细分人群来测试这些开拓型激进的概念。

性情创新定义的是那些很早就预先倾向于购买新产品和品牌，而不是在各种各样的商品和服务面前维持先前的选择和消费习惯的行为。这是一种基本的个性特征。这种特征较强的消费者通常对模糊性有更高的忍耐程度，更愿意去改变，好奇且有创意，对于产品的透明度和结构没有很高的要求。这一个性特征表明这些人更不容易倾向于拒绝全新创意，即使这样的创意可能对于他们自己来说并不是很方便。从短期来看，这些人才是公司在研发开拓型新产品时希望得到他们意见的一类人。

我们提出了衡量一个人这种个性的八个测试题：

◆ 在看见货架上有一个新产品的时候，我不愿意去试一试它到底怎么样。*

◆ 通常，当新产品在市场上出现的时候，我总是最早购买它们

的人之一。

◆ 如果喜爱一个品牌，那么我很少会为了试试新产品而去换掉它。*

◆ 我对尝试新的和不同的产品都很谨慎。*

◆ 我总是最先尝试新品牌的人之一。

◆ 在不确定这些品牌的表现到底怎么样的时候，我很少去买这些品牌。*

◆ 我很享受冒险购买新产品的感觉。

◆ 在没有其他人购买这种新产品之前，我可不想买。*

这些题目都是以五分制来评测，从完全不同意到完全同意。一个人的性情创新的分数是把这八个题目的分数相加而计算得到的，其中带“*”号条目的分数是反过来算的。图10-1显示了社会中性情创新的典型分布。

图10-1 社会中性情创新的分布

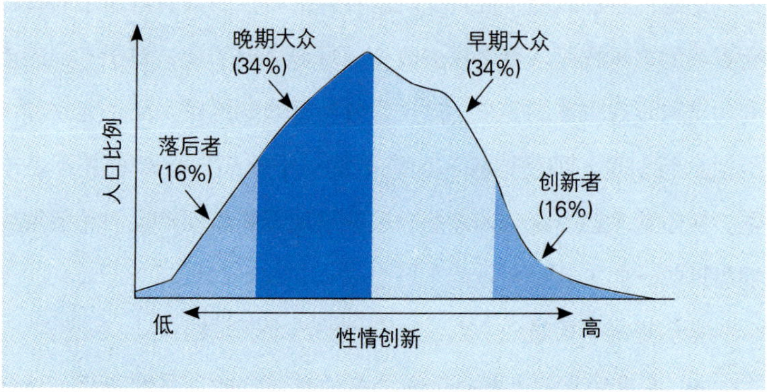

资料来源：AiMark，2006；http://www.aimark.org/，转载得到许可。

总的来说，为了增加主要新产品创意的成功几率，我们建议在研发过程中公司多听听“消费者的声音”，但是这仅仅限于特定类型的消费者。美国一家大型快速消费品公司已经付诸实践，使用短期的性情创新衡量，作为公司为概念测试招募的筛分工（例如街头拦截访问）。

另外，就像我们在后面的章节中将要看到的那样，通过这种方式，在产品推出的至关重要的第一年，公司从这些有更高购买强度的消费者中收到了回报。毕竟，当新产品在第一年没有引起什么反响的话，就很有可能被苛刻的消费者抛弃。

新产品投放过程

即使研发部门能够开发出一种迎合市场的新产品，它依然可能会因为新产品投放过程的低效率而前功尽弃。我们确定三种影响新产品成功投放的因素：最初的目标、国际性首次发布战略和营销资源。

最初的目标

新产品的接受度根据不同的消费者有着系统性和可预见性的不同，我们称之为目标营销战略着重于特定顾客细分市场。新产品第一年的购买强度在创新者细分市场中最高，在落后者细分市场中最低，其他两个细分市场居中。图10–2形象地说明了在法国，联合利华的洗衣液创新品牌Skip Tablets的情况。在一年以后，接受Skip Tablets的创新者比例（22%）差不多是落后者（6%）的四倍。

图10-2　性情创新细分市场接受 Skip Tablets 的情况

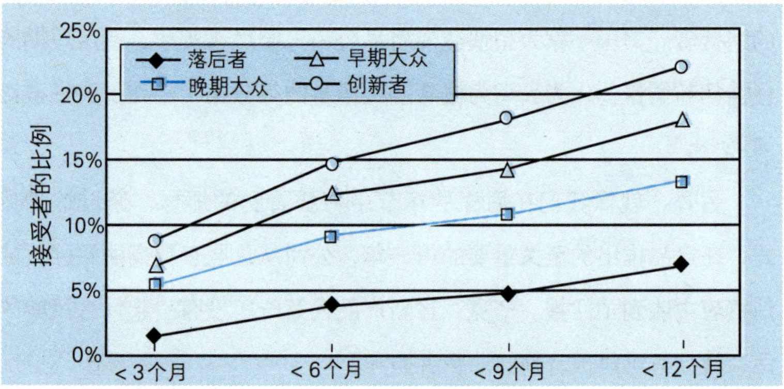

资料来源：AiMark，2006; http://www.aimark.org/，转载得到许可。

请注意这样的细分市场配置是十分可行的，因为性情创新是一种个性特征，能够被预先衡量，而不依赖于正在讨论的创新。于是，可以在产品推出前根据性情创新的分数而对消费者进行分类。这可以让公司有机会提前施行目标战略，这比在产品推出第一个月后来施行好得多。

一家大型快速消费品公司把性情创新课题应用到了模拟的测试市场上。它开始考虑在新产品推出时为那些性情创新度比较高的消费者制定购买意图标准。另外一家大型快速消费品公司把性情创新条目运用在本公司一些欧洲国家和美国的直接营销数据库上——例如给革新者和早期大众目标细分市场的优惠券。

国际性首次发布战略

因为研发费用的飞增、贸易壁垒的倒塌[欧盟（EU）、北美自由贸易协定（NAFTA）、东盟（ASEAN）、南联盟（Mercosur）]和世界

的全球化进程，新产品的发布不再像10年或20年前只是一个纯粹的本地事件了，因为越来越多的情况是向多个国家推介新产品。公司可以遵循一种瀑布战略，让新产品从一个国家到另一个国家不间断地连续发布。公司也可以在多个市场同时发布新产品——称之为洒水车战略。

我们的研究表明，一个连续的、瀑布式的首次展示战略对开拓型新产品最有效，同时洒水车战略对于扩大型的新产品最有效。对于开拓型的新产品来说，很难找到并执行一个合适的营销战略，品牌制造商可以汲取在后来的国家中失败的经验，不断尝试找到合适的营销战略。另一方面，对于扩展型创新来说，施行有效的营销战略所面临的挑战就小得多了，但被其他品牌制造商和零售商快速模仿而抢占其他国家市场的威胁却大大增加了。就像我们看到的一样，定位市场的发展方向并快速模仿创新是专业自有品牌供应商和模仿者自有品牌的一个特征。

如果瀑布战略对于开拓型的创新更加有效，那么我们应该从哪个国家开始呢？经济学（博弈）理论和我们的经验研究表明，开拓型创新的发布最好在那些革新消费者比例相对来说比较高的国家进行。[6]在欧洲，英国是为一个主要的新产品作连续的、瀑布式的首次展示最适合的国家。英国革新型消费者的比例占到了24%，而法国只有15%，西班牙只有9%。事实上，我们的研究显示：在所有大的欧洲国家中，英国是唯一一个首发新产品而没有不良反应的国家。放眼全球，美国是一个为开拓型新产品进行发布的首选之地。平均来说，它的居民是世界上对新鲜事物最感兴趣的居民之一。

营销资源

也许听起来很枯燥，但是好的营销策略依然魅力不减。通过一个众所周知的品牌名、价格促销、特色和展示活动，以及广告投入等方式支持新产品的推介，可以在市场上取得更多的成功。这可能看上去平淡无奇，但是即使是在21世纪，这些招数依然很好用。与同事们一起工作得出的最新见解可以帮助品牌制造商更有效和更充分地运用它们的广告武器。

广告和新产品结合产生的效用格外有力。花在新产品广告上的一美元比花在正在进行的广告维持费用上的一美元，对于提升销售额贡献的效率平均要高五倍。如果一个新产品被广告大量地宣传，它就会有70%的可能性被消费者买走。此外，广告宣传一个有名的品牌推出的新产品增加了广告花费的效力，因为消费者会把储存在记忆中的品牌印象与现在推出的新产品联系起来。

不仅是广告花费，广告的内容也至关重要。说得更具体一点就是，在那些功能表现扮演着重要角色（产品并不只是关于形象，例如香水等）的品类中，广告通过显示与众不同的功能好处能够获得更多的销售额。但是让人担心的是，不再强调与众不同的功能好处在很多品类中现在是一种趋势。这样的广告可能更让人享受，但是通常结果效力更低。

知识产权的保护过程

我们可以忠告那些品牌制造商去创新并发布新产品，但是如果零售商不停地抄袭复制那些成功的产品的话，聪明的创新就会被糟蹋。

创新，特别是食品行业的创新，是很难进行专利保护的，因为味道、成分和包装设计相对容易被复制，而且在很多国家这种抄袭还是合法的。但是尽管如此，必要的时候我们还是要尽一切可能的办法用法律武器来保护自己。

品牌制造商的反击——诉讼

在与零售商作斗争的过程中，诉讼可以起到十分有效的作用，就像 Penguin 牌巧克力饼干的制造商英国的联合饼干公司（United Biscuits）所证明的那样，它们通过诉讼反击了Asda明目张胆的复制，成功地保护了自己的利益。Penguin 是领先品牌，每年销售四亿盒饼干，带来了5 500万美元的收入。几乎所有的主要超级市场都销售自有品牌的巧克力三明治饼干，或者“Penguin型”饼干。但是这些饼干没有一种在它们的包装上除了品牌名外还标示超市的名字。Asda拥有自己的自有品牌饼干 Take a Break，但是它准备改头换面。Asda产品书面设计纲要就是为了使它成为 Penguin 的“品牌杀手”，它必须“明显地和Penguin使用的提示（例如颜色和印刷样式）一致”。[7] 公司曾经研究过24个名字，其中大多数都是鸟或者哺乳动物的名字。

Puffin最后被选了出来，并且使用和Penguin相似的包装设计和鸟的卡通图案。一个七包装的 Penguin 售价是67美分，而一个七包装的Puffin 只售59美分。Penguin 对此进行了诉讼并赢得了胜利。需要特别提到的是，在判断过程中，并不只有名字和鸟的卡通图案有问题，整体包装设计在内容的选择上也很有问题。单独考虑它们自己的名字和卡通图案，或者不考虑它们自己的名字和鸟的卡通图案只看包装设计，都不会有这样的问题。但是把名字、卡通图案和包装设计结

合在一起考虑，在这个事件中它就成为法律上非常不利的证据了。[8]

其他公司也在采取诉讼行动。最近联合利华就对荷兰零售商Albert Heijn 提出了诉讼。Albert Heijn 的市场份额高达25% ~ 30%，所以这样做绝对不是为了芝麻大点的事情。联合利华要求Albert Heijn对它13种自有品牌的包装进行更换，因为这些包装与联合利华的品牌看起来太像了。联合利华已经注册了它品牌的包装。但是在诉讼中，法庭只在两项产品上支持了联合利华的请求。有些人就评价说联合利华失败了。另外一些人则没这么肯定，因为这件事引起了社会大众的关注，也会让Albert Heijn在以后更加谨慎一些。这个观点也许可以用另一件事来佐证，涉及的是 Albert Heijn和Verkade（联合饼干在荷兰的子公司）。Verkade 抱怨说，Albert Heijn 的自有品牌水果饼干的包装和自己的 Sultana 牌水果饼干过于相似。Albert Heijn 最终屈服并且改变了自己产品的包装，最终因此避免了一场诉讼。[9]

宝洁公司也曾经因为一些自有品牌的产品被认为和它们公司最知名的品牌如 Charmin（厕纸）、佳洁士（口腔护理用品）、NyQuil（医药）和 Tampax（女性保护用品），过于相似，而成功起诉了很多的自有品牌制造商，但放过了零售商。宝洁北美市场口腔护理的产品经理黛安娜·迪茨（Diane Dietz）说："自有品牌制造商这种误导消费者的行为让人完全无法忍受。宝洁在研究、开发以及知识产权和设计上投入巨大，我们必须保护我们自己的投资。"[10]

在绝大多数国家，为了能够在法庭上获胜，公司需要证明消费者在购买特定的制造商品牌时被那些复制者的模仿品混淆了。因为复制者品牌在细节上还是会显示出它和"真家伙"的不同，想要证实这点并不容易。然而，在购物的过程中，消费者在作购物决定的时候，观

察一个产品的时间最多也不过寥寥数秒。巴黎高等商学院的教授琼－诺埃尔·卡普费尔开发出一种技术来模拟在购物情境中实际的视觉解码过程。运用这种技术，他证实了相当一部分人的确被复制者的自有品牌所混淆，而且这个比例高达80%！这项技术可以用于在法庭上解决法律争端，或者作为呈现给零售商看的庭外和解的证据。[11]

获得强硬不屈服的名声

Penguin、联合利华和 Verkade 的例子并不是一个规律，而是一些特例。从历史上看，制造商不愿意起诉零售商商标侵权是出于两个原因：你怎么能起诉你自己的客户？这不会导致被你起诉的零售商将你的产品赶下货架吗？但是这种情形是无法持续的。品牌制造商应该更主动出击，就像联合饼干在设计和执行阶段都保护它们的知识产权。

零售商的包装通常都会抄袭那些国际品牌，让消费者无法很清晰地分辨出两者间的差别。但是零售商在法律上是不能够模仿商标的。因此，当红色的家乐氏商标在新的 Frosted Bran 谷类食品的包装盒上占有超过四分之三位置的时候，就没有给抄袭者留下什么空间了。

谈到执行，品牌制造商必须拥有一个在追究零售复制侵权上很强硬的名声。总部在伦敦的蔗糖和甜味剂生产厂家 Tate Lyle 在它的一种叫 Splenda 的零热量三氯蔗糖甜味剂上获得差不多它全部利润的20%。2005年，Tate 发现沃尔玛在销售它的自有品牌 Altern，价格比Splenda便宜30%。在调查过程中，Tate发现沃尔玛的自有品牌实际上是一家从Tate购买 Splenda 用于制造食品产品的客户供应的。Tate在合同中强制规定客户不能将自己的产品出售给像沃尔玛这样的

第三方，这迫使沃尔玛放弃了Altern这个品牌。

当制造商拥有强硬执行的名声的时候，零售商就会去复制那些没有积极专利保护历史的其他零售商。卡夫公司最近雇用了两倍于原来数量的专利律师来确保它的创新被充分地保护，就显得不足为怪了。[12]

全新的商业模式

品牌产品制造商除了产品创新以外，还可以通过开拓一种全新的商业模式在创新保护方面走得更远。这种形式的创新对于快速消费品公司来说带来的是脱胎换骨的变化，商业模式被改变的公司可以通过变换渠道或者增强消费者忠诚度来减少它们对于大零售商的依赖。那么这样全新的商业模式的特性是什么呢?

首先，品牌制造商必须把注意力从它的产品转移到对过程的体验上来。一个成功的故事就是星巴克售卖咖啡的经验。第二，它必须把它的宣传方式从电视这样的媒体转移到像蜂鸣营销和互联网宣传这样的非传统方式上。这个例子的原型就是红牛，它利用蜂鸣营销秘密地创造了新的能量饮料品类。第三，品牌制造商要将自己的注意力从单一的产品转移到一个环环相扣的产品组合上来。吉列放弃剃须刀而锁定了人们终身私人使用的刀片的销售这一成功的例子是可以仿效的。这三个例子已经成了经典案例。还有相当多的公司正在尝试复制这些成功。联合利华的 Soup Factory 和 Bertolli 餐厅系列，宝洁的 Swiffer 系列和万宝路取得很大成功的蜂鸣营销活动，只是很少的几个例子。

宝洁创造产品体验

通过详细描述“真实的瞬间”（moments of truth）这个概念，宝洁花了大量的心思在如何从销售产品转变成销售体验上。宝洁相信有两个真实的瞬间是必须赢得的：第一，在零售商的货架前面，消费者必须被说服去选择宝洁的产品；第二，在家里，消费者必须有欣喜的消费体验，这样才能引发他们再次购买。

宝洁也将它的结构更加向这两个真实的瞬间倾斜，也对此更加负责任。国家间的界限也被清除了。[13] 取而代之的是，完善消费者开发团队（专门对个体零售商负责）是由一系列的地区市场开发组织（针对国家）组成，专注于赢得第一个真实的瞬间。全球商业个体（针对产品品类）专注于开发产品以赢得第二个真实的瞬间。

为了赢得在家里的第二个真实的瞬间，宝洁公司全神贯注于分享它产品的体验，并平衡现有的产品和品牌能力。例如汽车清洗系列产品Mr. Clean Autodry，水流从喷枪中涌出来，但不会留下通常会有的水珠。Mr. Clean Magic Eraser可 以从油漆过的墙上除去颜色笔的印记，也可以从桌子上除去墨水的印记。Kandoo Toddler Care Wipes、佳洁士 SpinBrush 电动牙刷，以及 Swiffer 静电清洁拖把和揩布都是其他一些基于相似脉络的新产品。佳洁士 Whitestrips 美白牙贴创造并且统治着口腔护理产品市场的新的细分市场。

品牌中的品牌

因为这些公司已经意识到要想创造一个独一无二的新体验可能需要广泛不同的能力，一个新的演绎是“品牌中的品牌”：两个品牌将它们的核心能力合并在一起，提供一种真正全新的产品或服务。[14]

自有品牌：狼来了

那些渴望在家里喝到生啤酒的喜力爱好者现在梦想成真了。喜力啤酒和法国小家电巨头 Groupe SEB 联合开发了一个叫 Beertender 的家用水龙头，连接着一个四升容量的装有特制喜力啤酒的小桶。冷冻系统可以让里面的啤酒保存三个星期都还很新鲜。虽然 Beertender 的价格高达349美元，每升啤酒的价格也相当于瓶装喜力啤酒的两倍，但是自从2005年它在荷兰推出后，取得了巨大的成功。之后，它也开始在世界其他国家进行展示推介。即使自有品牌的啤酒想要用这种桶装着出售，也必须和 Beertender 合作，这种体验是完全不同的。

包装咖啡品牌，比方说萨拉·李的 Douwe Egberts、宝洁的 Folgers、卡夫的麦斯威尔（Maxwell House）和雀巢公司的雀巢牌都被星巴克现象给吓呆了。在这边商场的过道上，它们和零售商锱铢必较的时候，消费者会为了25美分的优惠券从一个品牌转换成另一个品牌。而在那边最繁华的街道上，星巴克通过三美元一杯的咖啡而逐渐成为一个标志，而忠实的星巴克的消费者一个月会光顾20次。

荷兰的飞利浦电器（Philips Electronics）和美国的萨拉·李公司注意到了星巴克和 Nespresso（我们将在下一段论述）的成功，有在更小型的家庭中流行的趋势，以及人们向往独一无二的咖啡体验，于是它们联合推出了一种家庭概念的咖啡，包括一个特别的机器（不像蒸馏咖啡机那样工作）——商标是飞利浦的——和一种特殊的咖啡豆（由萨拉·李出售）。从2001年推出至今，飞利浦卖出了上百万台这种售价70美元的Senseo机器。这种机器可以让消费者通过特殊的咖啡豆制作出一人份的具有咖啡店风格的咖啡。这意味着更好的质量、更短的制作时间，并且因为咖啡豆有不同的口味，可以为个人和整个

家庭提供更多的选择。这些咖啡豆通过大型零售商出售并被自有品牌复制。不过，萨拉·李已经商品化了咖啡品类，升级了咖啡体验，并从这一创新中获取了丰厚的利润。

卡夫食品和宝洁在2004年才进入一人份咖啡市场。为了胜过Senseo和Nespresso，卡夫开发了 Tassimo——一个由蒸馏咖啡机制造商Saeco制作的专用器具，声称是第一台能够制作供家庭食用的咖啡、茶和热巧克力的机器。

全新的商业模式：Nespresso

Nespresso是一种很少被快速消费品公司采取的聪明的创新方式。通过Nespresso，雀巢设法开发了一种融合了销售经验的很受欢迎元素的创新方式，避开了那些大型的零售商，并且通过基于专利提供者的商业模型进行蜂鸣营销而创造一个新的品类。1988年，经过10年的不懈研究，雀巢推出了Nespresso，这一套包括了一台咖啡机和铝制密封包装的咖啡胶囊。它可以干净、快速和方便地制作出一杯高质量的蒸馏咖啡。

在最初主要向办公室和饭店出售这种咖啡机和胶囊之后，雀巢决定改变行动方针。它们将Nespresso咖啡机的生产外包给一些挑选出来的制造商，这些制造商然后将这些产品卖给像Bloomingdale's和Harrods这样声名显赫的零售商。雀巢自己转而将注意力都集中在咖啡胶囊上。它将目标定在家庭用户上，并通过Nespresso俱乐部有组织地分销。

虽然和Senseo相比售价更贵，但这款设计时髦的Nespresso咖啡机相对于蒸馏咖啡机来说定价还是合理的。它的售价从基本型

的200美元到豪华型的800美元不等。购买机器的消费者会自动加入Nespresso俱乐部，并收到一份“初用者套装”，其中包括Nespresso胶囊和信息小册子。

胶囊以一板10粒进行销售，而且只能通过电话、传真、互联网（24小时内送货到家）或者全球42家 Nespresso 小商店购买到。胶囊根据不同口味采用不同的颜色，而且不能与其他的咖啡机配套使用。同时普通的研磨咖啡也不能在这款机器中使用。通过这种方式，Nespresso 抓住了25万名购买这款咖啡机的消费者，将他们牢牢地锁定在它的系统中。尽管全球范围内研磨咖啡的市场销售停滞不前，但它的销售额却以每年30%的比率持续增长，达到了六亿美元。

Nespresso商业模式意味着零售商完全占了上风，自有品牌再也没有一点机会和它平起平坐。然而机器和咖啡豆的价格都是针对那些中等收入的消费者——例如与Senseo相比——但是依然很划算。

章节要点

用聪明的创新击败自有品牌需要：

- 开发那些扩大型或者开拓型的创新产品，避免新奇程度居中的新产品。
- 有选择地听取那些性情创新积极性很高的消费者的意见。
- 最初的目标创新者和早期大众胜于总人口。
- 对于开拓型新产品采用瀑布式（连续的）首次展示战略，对于扩大型新产品采用洒水车式（同时的）推出战略。
- 在欧洲，开拓型新产品没有在其他国家推出前，最好在英国

进行首发。放眼全球，美国是一个为开拓型新产品进行发布的首选之地。

◆ 通过强大的品牌名字、高水平的宣传和表明产品与众不同的功能好处的广告来支持新产品。

◆ 对零售商的抄袭行为提出诉讼，并通过积极追究零售商的侵权行为来建立强硬执行的名声，以此来保护自己的新产品。

◆ 实施注重体验、品牌中的品牌、非传统的宣传和环环相扣的产品组合的全新商业模式。

有选择地与自有品牌争夺资源

1999～2005年德国市场份额：自有品牌上升了50%，领导品牌降低了8%，二线品牌下降了15%，其他品牌降低了30%。

通过活跃的自有品牌项目，零售商现在明白了一点：制造商品牌对于它们来说就是一个附加的价值。拥有全新创新型产品的制造商对于零售商来说是至关重要的，因为它们可以保证零售商的货架上备有那些最有吸引力和高利润的产品。而其他的货架空间，它们可以用它们的自有品牌来填充。因此，零售商只愿意和那些有能力进行成功的产品创新并且能够在这个品类获得溢价的制造商品牌打交道。再加上很多品类市场很成熟，以上两个因素对于品牌制造商来说都是挑战。

对弱制造商品牌的挤压

自有品牌市场份额的上升已经对制造商品牌形成了一定的挤压作用。但是已产生的影响是不对称的。通常都是那些更弱一些的制造商品牌——就是在市场上无法取得第一或第二市场占有率的制造商品牌——被这些消极的影响所击倒。有着活跃的自有品牌项目的很多零售商施行的分类战略，通常只接受最好的两三个制造商品牌。它们将弱一些的制造商品牌从销售名单中划去，用自己的自有品牌产品取而代之。即使这些较弱的制造商品牌能够勉强挤上零售商的货架，那也是因为制造商支付了与零售利润的数额不成比例的金钱，并且极力说服零售商能接受它们的产品才得以成功的。

此外，很多公司还发现，哪怕只在那些较小的品牌上投入最少的必要资源去创新和进行广告宣传都是很不经济的。结果，品类中市场份额较小的品牌在市场中苦苦挣扎，而且除非它们是针对某一特定市场的高端品牌，否则是没有指望翻身。就像图11–1所示，德国是一个可以展示在自有品牌不断取得成功的背景下，这种对较弱的制造商

自有品牌：狼来了

品牌的挤压现象的很有用的例子。

当我们更深入地审视图11–1中的数据的时候，一项GfK的研究挑出了那些在一个品类中市场份额增加的制造商品牌的案例。我们的确在1999 ~ 2002年的案例中发现了几个这样的例子，但更让我们印象深刻的是，这些制造商品牌市场份额的获得不是来自自有品牌，而是其他的制造商品牌。表11–1中有其中四个品牌的数据。

图11–1　德国制造商品牌和自有品牌的比较

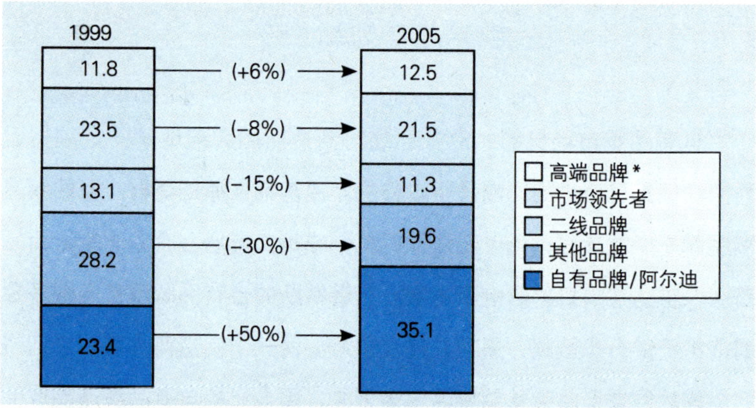

* 平均价格≥市场领先者（品牌）的价格

资料来源：改编自“Consumption with Pleasure Instead of Frustration”(presentation given at the annual GfK Kronberg meeting, Kronberg, Germany, January 26, 2006)。

这四个品牌遵循不同的战略来进行市场份额扩张。Langnese Cremissimo冰激凌通过一个最新设计的透明包装，展示了它富含美味水果的新奇的异国口味，成功地提升了自己。Rotkäppchen（被翻译成Little Red Riding Hood）香槟则是增加了广告宣传的强度以获得更多的媒体占有率，并因此在那些它们相对还没有什么名气的国家的家庭中增加了知名度和接受度。兰诺（Lenor）织物柔顺剂和蕊娜润

表11-1　1999～2002年德国制造商品牌的增长

		制造商品牌		自有品牌	
品类(年增长率)	核心品牌	核心品牌份额的增加	其他制造商品牌的变化	阿尔迪的变化	其他自有品牌的变化
高端冰激凌(7%)	Langnese Cremissimo (联合利华)	18.1%→29.2%	47.3%→33.3%	19.3%→18.9%	9.6%→18.3%
香槟(-1%)	Rotkäpp chen	11.3%→13.8%	75.8%→67.4%	10.8%→13.1%	2.1%→5.7%
织物柔顺剂(2%)	兰诺(宝洁)	25.3%→28.8%	59.0%→51.4%	6.7%→8.6%	9.0%→11.2%
润肤霜(3%)	蕊娜(联合利华)	12.5%→17.2%	64.9%→53.2%	3.8%→5.4%	4.5%→11.6%

资料来源：改编自“Is There a Way Back for the Brand？”(presentation given at the annual GfK Kronberg meeting, Kronberg, Germany, March 27, 2003)。

肤霜则分别降价17%和7%，以为了在与自有品牌竞争时更有竞争力一些。表11-1中很有意思的一点是，在每个案例中，当其他的制造商品牌正在丢失它们的市场份额时，自有品牌实际上获得了这些品类的市场份额。

依我们看，这一情况不仅仅在德国发生，其他国家也会出现。结果，有三个对制造商品牌有益的、令它们清醒的教训：

1.长期来看，品类中制造商品牌的市场份额相对于零售商品牌来说是在下降。

2.制造商品牌正在抢夺彼此的市场份额，它们获得的市场份额几乎都是从比自己弱的制造商品牌手中抢来的，而不是源于自有品牌。制造商品牌销售额增长的主要来源，不是品类需求的增长，就是其他更弱小的制造商品牌。

3.很难看到品类中一个只占很小市场份额的制造商品牌能取得

成功，除非它是一个针对特定人群的高端品牌。

注意力要集中在品牌和产品组合上

在过去的10年间，制造商品牌已经对上述教训领会得很清楚了。如果一个品牌不处在优势地位上，那么它就没有立足之地。因为维持一个品牌并且能与自由品牌抗衡是需要一定数量的创新和广告宣传的，所以一家制造商只能支持有限数量的品牌。[1] 在面对那些拥有高质量自有品牌项目的强大零售商时，制造商必须选择那些有较大把握可以取胜的竞争。每家公司都要有一个明确的理念，知道自己想在哪个品类进行竞争，用什么品牌在什么存货品目上竞争。答案是要有选择地战斗，而不是全线出击。

品类组合重新配置

对这一主题反复深思的结果会使公司误入为构建它们的理想组合而必须采用收购和事业分割的方式的歧途上。哪些品类对我们是至关重要的？我们的核心竞争力在什么地方？我们可以在什么地方通过创新和广告宣传来给消费者增加价值，从而与自有品牌抗衡并最终获胜？哪些品类更容易向消费者展示增加的价值？结果是大多数公司都重新审视了它们想经营的产品品类。

例如，卡夫食品在2000 ~ 2004年间吞并了10家对手公司，其中就包括用190亿美元收购了纳比斯克控股公司（Nabisco Holdings Corporation）。卡夫食品现在逐步淘汰了少于它总收入额5%的业务，并将生意集中在四个核心领域：咖啡、干酪和奶油、饼干[奥利奥和

乐之（Ritz）]以及特殊的饮料（比如Kool-Aid）。[2]卡夫希望剥离那些落后的外围产品线，而将注意力集中于那些能够在其品类中居于世界顶尖地位的风靡一时的品牌。于是，2004年卡夫将旗下的Life Saver和Altoids糖果卖给了箭牌（Wrigley）。至于理由，用首席执行官罗杰·德罗米迪（Roger Deromedi）的话说就是："我们希望我们的产品是能够让消费者和零售商都更激动的产品。"[3]

品类合理化

伊莱克斯（Electrolux）、联合利华和宝洁就是许多需要重新构建品牌组合公司中的一员。通常这些公司都在同一个品类中实行多品牌战略。只有当这个多品牌品类中每一个品牌都针对唯一的细分市场，这样的多品牌战略才有意义。品牌的数量越多，在同一个品类中品牌各自的细分市场交叉的可能性就越小。

例如，联合利华已经将它旗下的品牌数量从1 600个压缩到400个，其余的1 200个品牌不是被出售就是被清除，再不然就是被合并了。一个决定这个品牌是被保留还是出局的标准就是品牌力量。品牌力量是指这个品牌能够成为在它所属的品类市场中占据第一或第二位置，并且让消费者感到必不可少，以至于趋之若鹜地购买的潜力。[4]只有拥有这些特质的品牌才能被定义为"核心品牌"，并投入大量的资源。

存货品目合理化

从亨氏到好时，除了品类和品牌关注外，存货品目的合理化项目也事关重大。[5]多数公司都已经清除并继续剥离那些滞销品。于是

自有品牌：狼来了

那些希望提升销售量的公司开始越来越多地和沃尔玛及其他大的零售商签下订单。庞大的投入让这些零售商觉得不值。同时，在像乐购这样的零售商那里，制造商品牌正在被零售商自有品牌一点一点挤下货架。在2004年，通用磨坊宣称一年内将调整它所销售的20%的产品。[6]

宝洁的合理化组合

宝洁在转换品牌和产品组合上做出了非凡的工作。在首席执行官雷富礼（A. G. Lafley）的领导下，宝洁将果汁品牌Punica和Sunny Delight、花生酱品牌Jif 以及点心用起酥油品牌Crisco雪藏了起来。公司同样也丢弃了Biz、Milton、Sanso、Rei和Oxydol这样的清洁剂品牌。之后，宝洁收购了一家染发公司伊卡璐（Clairol）、一家德国美容产品公司威娜（Wella）以及吉列公司。

这样做的结果是降低了在食品行业这一为对抗自有品牌而持续创新更困难的行业的曝光率。取而代之的是，品牌组合更准确地集中在健康、美容和个人护理产品这些可以获得更高利润，而自有品牌的竞争也更弱一些的品类上。

宝洁也意识到医药产业开始变得越来越受品牌的驱策了，这也是宝洁的职能领域。在收购了吉列之后，健康和美容护理产品现在在宝洁产品组合中已经占据了半壁江山。相对于食品品类来说，消费者更容易在健康和美容品类中确信情感利益。

在2000年，宝洁拥有10个年销售额超过10亿美元的品牌。五年后，它旗下16个品牌总共给它带来了300亿美元的收入，这占到

宝洁总营业收入的60%。[7] 光是收购吉列，就给它增加了五个销售额超过10亿美元的品牌。通过雪藏一些产品品类和品牌，宝洁才有能力把销售收益再投入到公司最有机会取胜的很少几个品牌 [例如潘婷（Pantene）、兰诺、帮宝适（Pamper）、佳洁士和碧浪] 上。不用将创新的努力投入到小品牌身上，宝洁现在就可以着力发展那些最有前途的品牌和产品，营销也可以集中在开发它们的最大潜力上。后者还包括在那些贸易度不高的发展中国家加大这些大品牌渗透的力度。

更高集中度的挑战

品类和品牌的合理化问题在于，一旦公司开始将注意力放在有限的核心品牌上，是否就会不可避免地损失像雀巢这样有着不同品牌组合的跨品类巨头。那些鼓吹规模的人认为，更大的公司可以平衡规模来削减成本。这些节约下来的成本可以投入到更多的广告宣传和创新上，这样又可以帮助公司获利，甚至有更大的规模。

另一方面，也存在一些不经济的现象，因为超大型公司发现它们很难良性运转，成本也迅速增加。也许更强劲的品牌比通过多品类的存在和不断膨胀的品牌组合以获得总体规模经营更加重要。例如，虽然仅仅关注很少的品类，但是 Beiersdorf、利洁时、欧莱雅和达能都取得了飞速的发展。达能只经营三个品类的产品，但是它在这三个品类——饼干、饮用水和酸奶中都是世界领先者。[8]

获取集中和规模两者的好处是一个大的挑战。虽然拥有高达8 000种产品和20 000种变体的巨大的产品组合，雀巢却可以通过六个用于覆盖它大多数活动的统领性主品牌（umbrella brand）来达到

集中。它们是占到总业务量40%的雀巢（Nestlé）、普瑞纳（Purina）宠物食品、美极（Maggi）、雀巢咖啡（Nescafé）、Nestea 和 Buitoni。[9]

我们对组合合理化很有信心，因为支持那些从消费者视角看不能区分零售商和从零售商视角看不能赢得它的货架空间的品牌毫无意义。从我们的品牌组合合理化研究和咨询项目得出的教训可以看出，合理化的确能帮助降低成本，并且能将资源集中于那些更好卖的产品上。结果，公司的利润马上就突飞猛进了。然而，这并不能保证销售额上会有增长。例如，亨氏在2001 ~ 2003年间削减了产品的40%，以将注意力集中在像番茄酱这样的快速消费品上。它希望将注意力集中在那些能够在它们的品类中排名第一或第二的产品上。它的经营利润在2003年增长了17.5%，销售额却没有什么增长，只有0.4%。[10]最后，公司还必须培育那些保留下来的品牌和存货品目。我们在下一章中将要讲到在自有品牌市场份额不断增长的情况下如何发展单个品牌的问题。

章节要点

有选择地战斗，和自有品牌争夺资源

◆ 只支持那些市场领先者或高端品牌，因为二线制造商品牌抵挡不住自有品牌的冲击。

◆ 将组合重新定位于创新和品牌对于增加价值更加有潜力的那些品类中。

◆ 清除（出售、合并或取消）的品牌：

——没有足够的规模

——缺乏品牌力量

——并不是零售商必不可少的

◆ 合理化存货品目，清除掉那些滞销品类。

◆ 要认识到这些举措能够帮助提高赢利性，但是却没有导致需要的销售额的增长，除非把从组合的合理化（品类、品牌和存货品目）中释放的资源都投入到补充领导者品牌和增长剩余品牌销售额中去。

为制造商品牌创造可以取胜的价值主张

品牌形象的溢价为23%。

到最后，和自有品牌之间的战争一定会变为每一个制造商品牌个体和自有品牌之间的战争。必须要有一个对于消费者来说引人注目的价值主张，才能让他们购买制造商品牌而不是自有品牌。这场战争在局部上当然可以通过创新来赢得，因为这些产品没有相应的自有品牌可比较。但是如果市场上还有合理的相似选择，消费者在作购买决定的时候会更看重价格而不是提供给他们的价值。价值同时拥有理性和感性两方面。购买一件特定的品牌或自有品牌的产品，理性的原因无非是功能优点、表现和质量。感性上的理由则是关于形象和构建与消费者间紧密的纽带。伟大的品牌同时拥有逻辑和魔力。

图12–1显示了消费者如何运用形象、价格和质量这些信息加强他们消费决定的方式。[1] 如果制造商品牌缺乏合适的形象，前景就很黯淡了。如果品牌通过了形象测试，那么消费者就会考察它和自有品牌相比价格上是不是有竞争力。如果价格差距在可以接受的范围内，那么消费者就会购买制造商品牌。继而就开始了质量测试：产品的表现是不是让消费者足够满意，以至于愿意和品牌开始建立一种联系？

为了帮助制造商品牌对抗自有品牌建立一个可以取胜的价值主张，我们提出了三个要求：操控价格差距使之有竞争力，持续提高质量来加强消费者理性购买的理由，构建情感纽带并维系和消费者的关系。我们将在下面依次谈到这三个问题。

操控价格差距

也许在操控制造商品牌对抗自有品牌中最复杂的问题就是如何将产品价格定得有竞争力。如果价格相对于自有品牌太高的话，销售量就会下降。而另一方面，如果很容易降价的话，降价会大比例地影响

图12-1　消费者的决定

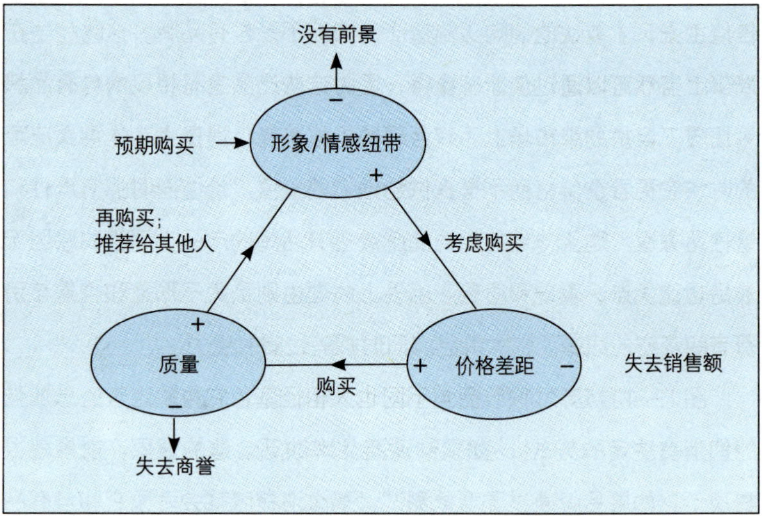

资料来源：源自 Jean-Philippe Deschamps and P. Ranganath Nayak, ***Product Juggernauts: How Companies Mobilize to Generate a Stream of Market Winners*** (Boston:Harvard Business School Press, 1995), 87。

到赢利底线。看看典型的标准普尔500指数公司的经济状况吧。[2]在总收入中，19.2%要用来抵消固定成本，而与此同时，变动成本占到总收入的68.3%，这样剩下来的经营性利润率就只有12.5%。如果我们假定销售量很稳定，这样的经济状况就意味着，从零售商那里收取的实际价格平均下降2%，就会导致公司总利润减少16%；同理，如果收取的实际价格平均上涨2%，也会让公司总利润上升16%。此外，如果价格下降2%，销售量必须增加7.5%才能仅仅保证原有的赢利额。这样强的价格弹性是很少见的。总的来说，在公司利润对价格如此敏感的情况下，与自有品牌保持合适的价格差距的同时把价格尽可能定高，对于成功来说至关重要。

在制定价格之前，敏锐地认识价格弹性（当改变价格时，我们的销量将会有什么变化）和交叉弹性（当我们和竞争对手之间的价格差距变化时，销量将有什么变化）的认识是必不可少的。例如，在2000 ~ 2003年间，卡夫在没有开发出无法让自有品牌复制的新产品的情况下，将品牌和自有品牌之间的价格差距拉得过大。这导致连续三年，它的三个最大的品类都被自有品牌抢去了市场份额。2003年，这一恶果最终达到顶峰——一系列产品的销售和赢利预测都减少了，最后也让贝奇·霍尔顿（Betsy Holden）丢掉了自己作为联合首席执行官的工作。[3] 公司不得不避免超过可承受水平的价格提升的诱惑。

品类的价格弹性按照品类不同也大相径庭，它也决定了制造商品牌和自有品牌的最佳价格差距。联合利华发现，当它试图在冰激凌上提高价格的时候，它的市场份额就不断地被自有品牌侵吞了。然而，除臭剂业务的成功表明，如果品牌不但可以赋予产品功能质量，而且还有情感质量的话，它们就可以收取溢价。例如，Axe除臭剂（Lynx在英国的名字）许诺年轻男孩可以获得性方面的成功，这就值得为此多花钱了。[4]

无法转嫁自身增加的成本

提高价格所带来的一部分压力是因为零售商利用它们的权势从制造商那里压榨更多的金钱。在很多的零售商那里，制造商必须为推介新产品、已经在出售的商品进场费、展示费用、店内促销和看得到的货架空间支付所有的钱。我们的研究估计，包括标准普尔500指数里的大型美国公司在内的快速消费品公司的销售额每年复合增长率只有区区4.7个百分点。同时，它们的销售、日常和管理花费一年就上升

了5%。[5]

曾几何时，快速消费品公司可以把正在增加的成本转嫁到消费者身上。但是现在，即使不是不可能的，这也是很困难的事。整合意味着像沃尔玛、家乐福、好事多这样积极进取的大型卖场零售连锁集团的扩张摧毁了这个产业大部分的定价能力。一位沃尔玛的发言人说："当供应商要求我们加价的时候，我们并不会就这样接受。我们会叫它们出示加价是因为原材料的成本已经上升了的实实在在的证据。"[6]沃尔玛只接受基于原材料成本上涨而导致的加价。营销费用的增加是供应商自己的问题。

在这样艰难地与零售商谈判和与自有品牌竞争的环境下，公司必须要专注于成本控制了。在它们全球化运营、复杂的组织结构、溢价和高毛利润率的情况下，快速消费品公司从来没有像零售商那样对成本如此敏感。考虑到大多数零售商的毛利润率处于12% ~ 30%之间，快速消费品公司平均40% ~ 60%的毛利润率就可以让它们保持赢利。因此，联合利华和雀巢正在重建它们的运营结构，并重新部署它们从创新和营销上节省下来的资金。

增加实现价格，而不是清单价格

当转嫁那些增加了的成本越来越困难的时候，公司还有另外一个摆脱困境的方法。归根结底，官方牌价无关紧要，重要的是实际或者实现价格。后者比前者会低很多，因为零售商可以有很多办法得到折扣——从标准的折扣和发票上的促销到推销折让和发票之外的特殊促销。一个例子就是，一家全球的照明设备供应商发现它的实现价格在清单价格的30% ~ 90%之间变化。

管理人员用了一个“理性的”理由来解释这么大的价格差异——也就是数量越大折扣越大。然而，当价格折扣按照采购规模制定时，这样的关系是找不到的。事实上，很多购买量小的顾客获得了很大的折扣！结果，公司制定了一个明确的关于可接受价格区间的方针作为财会规模的一个功能，并采取其他措施来支配财务经理的独立性。当它在过程中丧失一部分顾客以后，平均实现的价格上升了3.6%（清单价格还是一样），运营利润上升了51%。[7]

消费者促销的过度使用

因为制造商品牌的销售额被零售商自有品牌不断吞噬，而且保持与自有品牌的价格差距对于它们来说也变得不可能了，有些品牌已经开始更频繁、力度更大的消费者促销。这些消费者促销有很多种不同的形式，包括优惠券、临时降价、免费赠送礼物和买二赠一。通过这样的消费者促销，希望以此来吸引自有品牌的顾客来尝试制造商品牌，继而期待这些来尝试的消费者中有一部分最终能够转变成忠实的品牌使用者，大概是因为他们现在就将看到制造商提供的额外价值了吧。

不幸的是，我们的研究显示这样的情况并不经常发生，消费者促销通常只能带来短期内销售量的增加。从长期来看，这种举动一般只会帮倒忙，并可能会帮助到自有品牌。有好几个理由可以解释这点。首先，促销中很大一部分都是销售给了品牌忠实者——不管价格高低，无论如何都要购买喜欢的制造商品牌的消费者。来自美国的数据显示，促销中销售额的三分之二来源于品牌忠实者的囤货行为。[8]

第二，频繁的促销降低了没有促销的原标价的诚实感，并且教会

自有品牌：狼来了

消费者等到促销时再购买。这就变成了一场猫和老鼠的游戏，将制造商品牌的购买者变成了促销购买者。而且如果一旦发现促销中没有他们喜爱的品牌，由于习惯了更低的价格，他们会转向自有品牌。换句话说，久而久之，一部分促销购买者就转变成了自有品牌购买者，罪魁祸首就是制造商品牌过度的消费者促销。最后，这些购买者中的一部分变得很适应购买自有品牌，甚至投入到把制造商品牌拒之门外或者只有极少的制造商品牌的高折扣零售商的怀抱。

降价的效果

图 12–2 展示了操控价格差距的挑战。

图12–2 价格差距操控

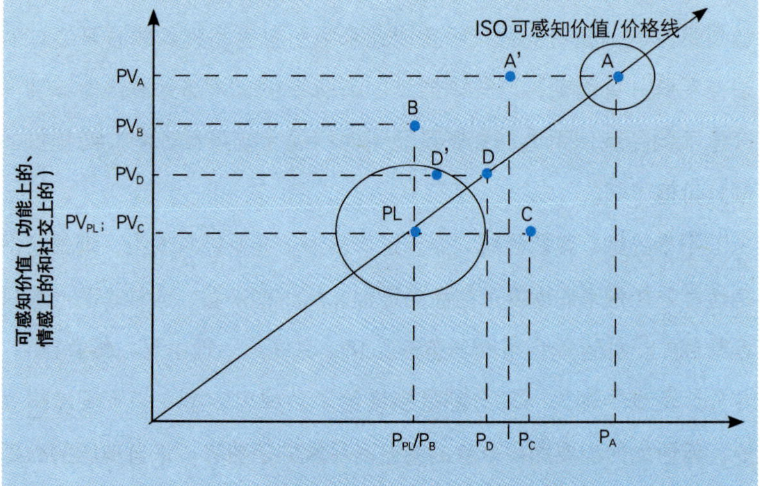

A、B、C 和 D 代表制造商品牌；PL 是自有品牌。

- 品牌B提供更高的价值，但是没有在价格上形成对自有品牌的致命打击，很明显这对于品牌来说是一个可以获胜的位置。然而，品牌B的位置在现实中不太可能被观察到。零售商不会推介一个和B的价值主张相差太远的自有品牌。

- 品牌C正是制造商品牌通常在图上找到的自己的位置，原因是自有品牌质量的不断升级、复制型的包装和越来越多的自有品牌广告。消费者看不出来为品牌C付出更高的价格所带来的任何附加（功能上的、情感上的或社交上的）价值。这种局面是不能维持的。

- 品牌A和品牌D提供了经典的品牌主张，更高的价格还要有更高的价值。当消费者认同A和D确实比自有品牌提供了更高价值的时候，至关重要的问题是，有多少消费者认为值得为更高的价值多支付钱？一个品牌可以在A的位置有很多的附加价值，可以收取更高的价格；也可以在D的位置，有少许的附加价值，可以收取稍微高一点的价格。这变成了一个分段游戏。

如果制造商品牌占据的位置是A和D，通过对削价的反应来操控价格差距就是不同的。看看宝洁在德国与自有品牌特别是和阿尔迪的自有品牌的战斗。在尿布行业，宝洁的帮宝适品牌定价要比自有品牌高出31%；而在女性护理产品中，宝洁的Always品牌比阿尔迪的自有品牌价格要高140%。反映在图12–2中就是说，我们可以认为帮宝适处于D的位置，而Always处于A的位置。

在尿布市场上，自有品牌拥有53.9%的份额，在女性护理产品市场上也拥有45.9%的市场份额。面对自有品牌的成功，宝洁公司决定将帮宝适的价格下调11%，将Always的价格下调18%。降价对尿布市场的影响是巨大的，帮宝适的市场份额从31%攀升到42%；而降

价对于 Always 来说却不温不火，市场份额只增加了三个百分点。[9]

图12–2可以帮助我们解释为什么两个降价行为结果却如此的迥异。对于帮宝适来说，在图12–2中，购买自有品牌的细分市场相对来说比较接近。帮宝适价格的下降让品牌更靠近那些偏好性价比的一些自有品牌消费者（在图12–2中，从D移动到了D'）。相反，对于处于不同细分市场的Always而言，即使削价的力度更大，也很难让它足够靠近那些注重性价比的自有品牌购买者。表现在图12–2中就是从A移动到了A'，这两个位置都离自有品牌购买者的偏好很远。

操控价格差距是一个复杂的过程，就像研究所表明的一样：[10]

- 如果在价格上制造商品牌的位置和自有品牌的位置相差太远，即使是一次大手笔的削价也不会产生很大的影响。
- 另一方面，如果制造商品牌的位置和自有品牌很靠近，一次相对较小的削价也会带来销售额的大幅增长。
- 自有品牌的削价行为对于制造商品牌来说不会有什么大的影响，特别是在价格差距很大的时候。

保持质量优势

就像前面我们看到的，最佳的价格差距部分依赖于产品的质量，或者它的功能性表现。从历史上看，消费者偏爱那些质量让人放心的品牌。不幸的是，对于很多品牌来讲，随着时间的推移，这一质量差别消失了，因此最后它们都只能沦落到图12–2中C点的位置，特别是当购买者只考虑功能表现的时候。

质量的透明和商品化

今天的消费者对产品质量了解得更多了，因为他们可以通过不同的独立排名和像消费者联盟（Consumers Union）这样的测试机构的评定，来让品牌的“客观”质量更加透明。例如，消费者联盟最近测试了《消费者报告》的读者提到的他们最经常购买的六个自有品牌产品的品类。[11] 表12–1列出了其中三个品类的测试结果，这些结果并没有吹捧制造商品牌。

Ziploc储物袋（每个14美分）很容易打开和关上，而且它们还坚固耐用，但是沃尔玛的 Great Value Slider 食品储存袋（每个8美分）质量也差不多。另一个制造商品牌 Hefty 则强度变化太大，从引人注目的级别到可接受的级别都有，以至于《消费者报告》不能为它排名！

在酸奶品类中，A&P（每盎司10美分）和 Stop & Shop（每盎司8美分）的自有品牌被评定为“很好”，它显然是赢家。很少有人会去选择其他被评定为“好”的品牌，包括 Dannon（每盎司11美分；Dannon 在欧洲叫达能）和优诺（Yoplait，每盎司12美分），还有许多自有品牌，如Kroger（每盎司8美分）、Publix（每盎司6美分）、Albertsons（每盎司6美分）和Winn–Dixie（每盎司5美分）。这对制造商品牌可是个坏消息。

只有在面纸类才出现了一个明显的赢家：宝洁的Puffs（每100抽1美元）。许多自有品牌（每100抽60美分）和 Puffs 一样柔软，但当测试强度的时候，这些纸巾强度都不够 —— 不过，舒洁例外（每100抽1美元）。

综合测试的结果，消费者联盟从它的研究中总结了下面三个结

表12–1 《消费者报告》的质量调查结果

品类	极好	很好	好	一般或差
面纸（每100抽的价格）	*Puffs($1)	Safeway Select($0.80) Stop & Shop ($0. 60)	*舒洁（$1） Albertsons($0.80) America's Choice($0.70) Great Value(沃尔玛)($0.60) Kirkland Signature(好事多)（$1.10） Kroger($0.60) Trader Joe's(0.60) Winn–Dixie($0.80)	Publix($0.70)
酸奶（每盎司的价格）		America's Choice Fruit On the Bottom ($0.10) Stop & Shop Fruit on the Bottom ($0.08)	*Dannon Fruit on the Bottom($0.11) *Yoplait Original ($0.12) Albertsons Fruit on the Bottom($0.06) Great Value(沃尔玛)blended($0.06) Kirkland Signature Swiss Style($0.06) Kroger Fruit on the Bottom($0.08) Lucerne(Safeway)Fruit on the Bottom ($0.08) Publix Fruit on the Bottom($0.08) Trader Joe's Pre-Stirred($0.10) Winn-Dixie($0.05)	Kirkland Signature Swiss Style (好事多)（$0.06）
塑料袋（每包的价格）	Ziploc($0.14) Great Value (沃尔玛)($0.08)	America's Choice (A & P)($0.14) Kroger Slider ($0.13)	Albertsons($0.15) Stop & Shop ($0.13)	

*制造商品牌

资料来源："Bat.tle of the Brands," Consumer Reports, August 2005, 12–15。

论，所有的结论对品牌制造商来说都不是好消息：

1. 很多自有品牌的质量至少和国际品牌一样好。
2. 将一种品牌商品换成自有品牌商品可以节省50%的成本。
3. 生产自有品牌的公司通常都是以家族名字冠名。

价格和质量

一项使用各种各样的消费者联盟的调查数据研究发现：

1. 在78个产品品类的22个中，自有品牌的平均质量要比制造商品牌的平均质量要好。[12]在这些品类中，制造商品牌至少要贵30%。

2. 在剩余的56个品类中，当制造商品牌的质量更好的时候，购买制造商商品至少要多花50%。

关键是自有品牌和制造商品牌的质量差距在持续下降。就像表12–1的结果所示，制造商品牌并不总是比自有品牌好。这几乎就像质量现在已经商品化了一样。再加上现今质量更加透明，制造商品牌的日子也就变得越来越难过了。质量的透明降低了赋予在品牌上的情感利益的重要性，特别是那些在社交场合中看不到的品类（比如说清洁剂，与之相对的是汽车）。

在图12–3中，纸巾品类证实了这一挑战。两个制造商品牌Bounty和Brawny的平均质量比自有品牌更好，并且提供这样的价值主张“高质量／高价格”。价格和质量间的传统交换关系可以运用于这两个制造商品牌和在“低质量／低价格”的价值主张下的许多自有品牌。但是现在至少有四个自有品牌：好事多的K irkland、沃尔玛的Great Value、Safeway Select和Publix——它们都被评定为“很好”或者“极好”。并且沃尔玛和好事多的纸巾还便宜得多，当然，公平

地说，人们不得不购买多件捆绑的组合包。

在这样的环境下，问题就成了为什么有人要买制造商品牌呢？只有符合以下条件中至少一条的消费者才会去购买制造商品牌：

图12-3　纸巾的价格和质量

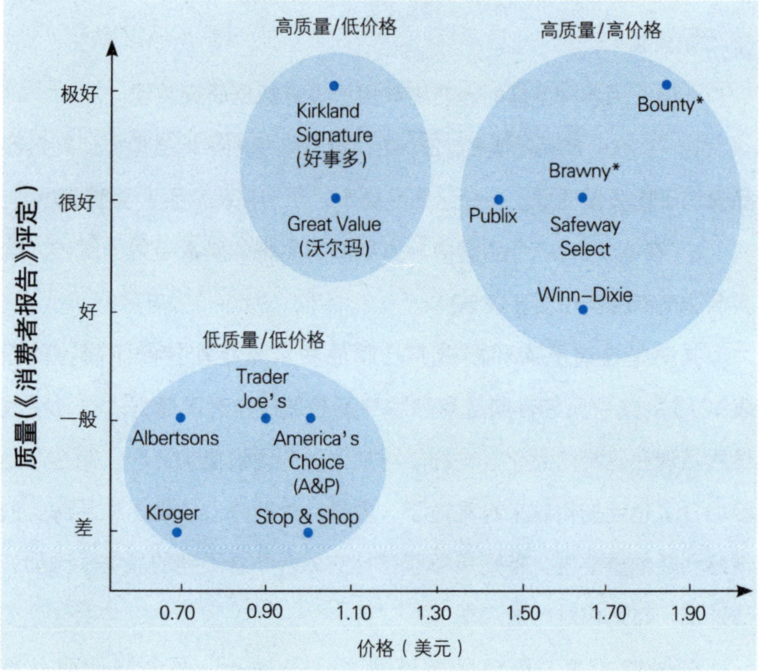

* 制造商品牌

资料来源：源自 "Battle of Brands," *Consumer Reports*, August 2005, 12-15。

1. 情感/社交利益的寻找者。那些可以从制造商品牌中感知到零售商品牌不能给予（并且因此使得它们类似于图12-2中的A或D）的情感，（比方说，消费者会喜爱Bounty和Brawny很多年，也许是因为服务和良好的表现）或社交利益（如果我有自有品牌，来宾可能会认为我正在使用便宜的纸巾），并且认为产生的更高价值值得支付

溢价的消费者。

2. 消费者无知。那些并不知晓自有品牌和制造商品牌间真正的功能性的优劣，只是感觉制造商品牌比自有品牌拥有更高的功能质量，并且认为这些不同足以支付溢价的消费者。

3. 避免风险。那些知道零售商品牌不是在所有品类（见表12–1）都是最好的消费者，以及进行一站式购物并相信购买制造商品牌能够保证他们购买到高质量产品的购物者。而且因为某一品类中顶尖的制造商品牌可以在大多数零售连锁店买到，这使得消费者购物更容易、方便了。

4. 店铺可到达性。拥有最好的自有品牌的店铺（例如沃尔玛和好事多）可能很远，这就否定了价格优势。相反，制造商品牌是到处都可以买到的。当然，像沃尔玛和好事多这样有着积极扩张计划的零售商，商店离消费者是越来越近了。例如，现在85%的德国居民在15分钟的车程内都会找到一家阿尔迪的店铺。

持续找寻质量优势

制造商品牌不用降价的另外一个办法就是重新发现质量优势。在我们看来，这就是制造商品牌必须投入资源的地方。如果一件产品不能证明比自有品牌的功能质量更好，那么就不应该投放市场。所以，在帕特里克·塞斯考（Patrick Cescau）被任命为联合利华独立首席执行官的那天，他就说道："我们需要花更多的时间和金钱将我们与自有品牌区别开来。"[13]

功能性质量意味着有一个真实的表现差别。从历史上看，这是制药行业已经遵循的惯例。就像葛兰素史克（GlaxoSmithKline）公司认

为："消费者正在寻找最好的科学上的差别"，而且这也是它努力尝试使之成为产品中的一部分的原因。因此，它已经为那些试图戒烟的人们推出了Nicorette，为花粉热患者推出了辅舒良（Flixonase），还有Poligrip专业假牙黏合剂，假牙使用者评价它比市场上现有的黏合剂更高效也更清洁。[14]

品牌制造商必须保证以质量来对抗自有品牌的战斗，并且它们在质量和特色上要更出众。这可以成为每一个产业的目标，甚至是那些传统上认为是情感性的产业。例如，对于法国零售商品牌市场份额低的一种解释是：和德国相比，在化妆品产业，欧莱雅已经将竞争引入到科学地证明表现的战争中，用大量的广告宣传预算作为支持来传达情感利益。[15] 在德国，领先品牌妮维雅则更多地依靠移情和温柔这样软性的情感。

最终，（领先的）制造商品牌和自有品牌之间几乎总有一个价格差距。因此，制造商品牌必须向那些价格敏感的消费者证明它们的品牌值得多花钱。这需要品牌制造商在宣传它们的产品优势方面进行投资。雷富礼刚担任首席执行官时，当他策划宝洁的转变和面临巨大的赢利压力的时候，他面对一个左右为难的选择——是否要对推出的一些新品牌，例如在美国的 Actonel 和 Toregonos 以及在欧洲的 Iams，给予强有力的营销支持呢？因为所有这些产品经测试都优于竞争对手，所以公司对其很有信心，决定全力支持。就像常言所说，广告宣传是点睛之笔，但是只有在推出产品的一切幕后工作都准备妥当之后才能有效果。因为没有什么比大量的广告能更快地摧毁一件坏产品了。

构建消费者纽带

除了功能表现，制造商品牌还可以在产品中加上情感利益——使它们表现出冷静、内省、可爱、有威望、迎合社交要求、满足情感需要等情感特征。这可以帮助在品牌和消费者间构建起纽带。为了达到这个目的，需要在消费者身上进行营销和宣传投资。

从广告宣传到交易

制造商品牌看上去走错了方向。虽然广告宣传密度更高的行业自有品牌市场份额更低，公司却越来越多地把投入广告费用拿去作促销。随着零售商实力的日益增长，它们现在从促销、商品陈列台展示、地板绘画、货架广告、优惠券、推销和订单费上获利的能力也在增加。现在交易花费仅次于商品销售成本，排在第二位，可以占到销售收入的30%。

例如，在2004年，亨氏全球的营销花费上升了8%。然而这一增长主要是由于与像乐购、家乐福和沃尔玛这样的顾客打交道的过程中产生的交易费用增长而造成的。传统的线上广告宣传费用却没有增长。就像英国亨氏品牌总监所说：“这是消费者对抗贸易的例子。这笔钱要广泛地安排，而且交易环境每年都更像一个战场。”[16]

对于制造商品牌而言，把钱从与消费者的交流转到零售商支持上是一个恶性循环的开始。当制造商品牌在塑造它们的品牌上投入减少后，它们会丧失品牌市场上最高裁决者的权利。这又会增加零售商的相对力量和它们的谈判能力。结果制造商品牌不得不向零售商作出更大的让步。为了提供向零售商作出让步的资金，制造商品牌又把用于

向消费者宣传的钱更多地转移到零售商那儿。为了遏制这一趋势，在零售商的定价压力下，现在像联合利华和高露洁这样的公司在向购买者宣传它们品牌的好处时投入了更多的钱。当转卖者的资产开始上升的时候，为了保持平衡，制造商品牌不是花得更少而是不得不花更多的钱进行消费者宣传。

超越传统的广告宣传

传统的媒体已经变得没有以前那么有效率了，因为电视频道的不断增多导致观众群的分散。这让覆盖到和以往同样多的观众变得更困难和昂贵了。此外，还有其他媒体的竞争，比如电脑游戏和互联网就吸引了年轻人的注意力。最后，例如 TiVo 这样的数字化存储技术可以让越来越多的观众在观看电视的时候忽略掉广告。

蜂鸣营销，也被认为是“口碑营销”（word-of-mouth marketing）、“游击营销”（guerrilla marketing）或者“秘密营销”（stealth marketing），已经合并成一个让公司在这场为销售额而战的战争中能够站在消费者一边的方法。蜂鸣营销是指让某一个社会的潮流领导者传播品牌的信息，从而在没有公开的广告和促销的情况下在品牌中产生影响。品牌信息可以通过身体上（例如人们可以看到品牌）、口头上（品牌能在谈话中突然出现）或者事实上（通过互联网）三种方式传播。随着e-mail和移动电话的普遍使用，口头传播比以前更迅速了。

红牛是应用蜂鸣营销的大师。它为它的饮料创造了一个急躁的、有点危险的形象。公司对如何向夜总会和酒吧推销保持严格的控制。在美国的八个销售地区里，销售代表们都会去侦查热点地方——潮流

引领者经常去的酒吧和夜总会。一旦发现超过五个重点地点，他们就会给这些地方提供品牌冰箱，并为它们的第一次订购附赠其他的免费赠品。如果有其他更传统的公司想要购买红牛，公司会拒绝，因为它要加强它反传统、标新立异的联盟和街头购买可信性。为了培育它与夜总会人群的联系，红牛创办了红牛音乐节（Red Bull Music Academy），这是一个每年都会举办的为期两周的活动，吸引了大量积极的DJ和他们的偶像。

消费者教育团队同样也帮助进行蜂鸣营销。红牛最早使用的营销手段之一就是在大学校园里雇用学生品牌经理，给他们每个人一听红牛，并鼓励他们以此举办一个聚会。它雇用熟悉情况的当地人驾驶着用它的标志和以商标的四腿模型为装饰的蓝色和银色罐子布置的汽车兜圈。这些汽车上的冰箱可以装载超过250罐的红牛，它们将分发给“那些需要能量的人们”：换班工人、卡车司机、大学生、管理者、俱乐部会员和运动员。

红牛还赞助了很多极限运动赛事，包括悬崖跳水、风筝冲浪、单板滑雪、摩托车越野、山地车、滑翔伞、旱地雪橇、高山速降滑雪、滑板和冲浪。通过把自己塑造成为这些极限运动发展的推动者，红牛已经被看成一种极限饮品。由于这些运动十分危险，不被传统习俗社会支持，极限运动赛事和与之相关的社会圈是口碑营销的理想场所。

品牌反败为胜

令人欣慰的是，在制造商品牌和公司与自有品牌战斗的过程中，确实存在着通过创造可取胜的价值主张而帮助公司成功反败为胜的实

例。上世纪90年代中期，在英国的“工厂”面包品类中，自有品牌占到了60%的市场份额。工厂面包是指那些大规模生产的面包，相对于由专门面包房烤制的面包。像 Aliied Bakeries 和 Warburtons这样的品牌制造商通过新产品和营销，在产品中增加如高纤维、低盐、100%全麦和加钙等卖点，并推出了像 Kingsmill Gold 这样的高端品牌来进行还击。10年后，自有品牌的市场份额下降到了36%。[17]

在欧洲，就像我们早先看到的一样，宝洁曾经被迫在像尿布、清洁剂和洗发水等品类中有选择地降价，以对抗自有品牌。然而，只是改变和自有品牌间的价格差距是远远不够的，可以通过产品和品牌的延伸来包围自有品牌。当宝洁的帮宝适降价的时候，它同时推出了新的帮宝适 Contour 一次性尿布。同样地，为了卖出更多的厕纸，它推出了一款更贵的 Charmin，连同一次广告战一起，让消费者对之有信心：“难道您不值得奢侈一点吗？”[18] 另一方面，为了避免降低碧浪的价格，公司在德国推出了一款叫 Mr Clean 的更便宜的洗洁剂来与高折扣零售商竞争。

现在我们将更详细地讨论两个制造商品牌反败为胜的例子，一个例子来自美国（亨氏番茄酱），另一个则来自欧洲（达能的La Copa）。

亨氏番茄酱

1998年以前，亨氏番茄酱定价很高，而且基本上没有广告支持。结果，它的市场份额被那些自有品牌和定价更低的二三线制造商品牌不断吞噬。[19]

1999 ~ 2002年间，亨氏推出了好几项加强产品和包装的措施，

包括EZ Squirt 瓶、辛辣口味、不会让水漏出来的“阀帽”和吸引小孩子的“神秘颜色”。[20]例如，它的一个增强包装是番茄酱装在一个符合人体工学设计的倒置瓶子里，很容易挤，并且不会弄得很脏，也不需要等。这对于亨氏是一个主要的思想转变。

为了支持这些重要的推介，亨氏也进行了一场巨大的广告战。由这些新口味而获取的赢利继而被用于缩小亨氏和自有品牌之间的价格差距，投入额达到了17%。这些举措带来的结果是，亨氏将它的市场份额提升了6个百分点。大多数增长都是从二三线品牌中夺取的，只留给自有品牌很少的发展空间。[21]在成功扭转了番茄酱生意以后，公司接下来在2002年通过把海产品、宠物食品、婴儿食品和自有品牌汤品业务卖给 Del Monte，从而彻底改变了它的产品组合。[22]从那时候开始，亨氏就没有那么成功了。它品牌名字的价值从2002年巅峰时期的73.5亿美元下降到 2006 年的 62.2 亿美元。[23]分析家已经留意到亨氏在像番茄酱和豆子这样的食品上创造价值和阻挡自由品牌的持续能力。

达能的 La Copa

La Copa是由达能（在美国叫 Dannon）出售的一种奶油巧克力酸奶甜点，有着西班牙传统风味，定位于为小孩和成人提供一种奢华的享受。虽然它有着优秀的传统，但是长期以来还是被竞争对手抢去了市场份额，特别是自有品牌。到了2004年，当La Copa还是这个品类的领先者，并拥有30%市场份额的时候，自有品牌就已经获得了45%的市场，而这个品类其余25%的市场份额则掌握在雀巢公司的手中。一个品类分析解释道：La Copa 一直定价很高，但是现在它已

经不能在产品体验上提供显著的不同来证明它的溢价是正当的。达能下定决心要从竞争者特别是自有品牌手中夺回失去的市场份额，决定重新推出这个产品。

达能公司在产品的配方中添加了更多的奶油（从18%上升到22%），并降低了巧克力的含量（从82%降低到78%），以使奶油味更浓也更松软。新的广告语说明了这一点："直到最后一勺也有奶油。"另外，为了增加价值，达能将容器尺寸从100克一罐加大到115克一罐。罐子本身也设计成更加时尚的圆形罐，由透明塑料制成，因此消费者可以清楚地看到产品，从而取代了以前过时的棕色容器。为了补偿提高的价值，公司将售价从1.02欧元上调到1.13欧元。这些改变在2004年末开始实施，极大地逆转了La Copa的财运。它的市场份额也从30%上升到超过50%，而自有品牌的市场份额却由44%下降到了30%。雀巢的市场份额也无法幸免地下降了。

很不幸，更普遍的情况是，制造商品牌却不在持续提高它们的价值主张上进行必要的投资。这就让它们的竞争对手特别是自有品牌有了可乘之机。

章节要点

为制造商品牌创造可以取胜的价值主张

- 积极地操控价格差距，持续提高质量，并且和消费者建立情感上的纽带。
- 减少过度的消费促销，因为这只会使消费者对价格更敏感，并导致大量消费者的降级消费。

- 通过控制折扣来监控实现价格，而不是提高清单价格。
- 永远不要在价格和成本压力面前牺牲产品的表现。削减成本必须要从别处获得，因为质量变得越来越透明了。
- 可以通过攻击自有品牌质量上的薄弱环节来获取利润。

品牌衰败了吗？

自由品牌的市场份额：瑞士45%，美国20%。

《经济学人》杂志评论说：每个行业都有它的黄金时代。对于品牌制造商来说，这个黄金时代是在20世纪中期，那时候分销渠道还很分散，媒体也很统一。像可口可乐、通用磨坊、雀巢、宝洁和联合利华这样强大的品牌制造商可以通过推出一个又一个的新产品来取悦它们的消费者。[1]

我们希望我们的书已经展示给那些一直看到最后一章的读者这样的画卷，我们现在处于一个新的时代，零售商有能力，并已经用它来改造具有竞争力的品牌前景。随着像阿尔迪、家乐福、好事多、Gap、家得宝、宜家、斯泰博、The Limited、塔吉特、乐购、沃尔玛和 Zara 这些零售业巨头的崛起，在过去的20年间，自有品牌发生了变革。这场变革对于消费者、零售商和制造商来说都意义非凡。

消费者是赢家

一个自有品牌变革中没有被注意到的事情就是，它对于消费者福利的影响。那些大零售商已经用它们协商的能力逼迫品牌制造商降低价格。并不是将所有协商得来的收益都揣入自己的腰包，零售商拿出其中很大一部分用于减价，让消费者得到实惠。毫无疑问，像好事多、H&M、Lidl 和麦德龙这样的全球零售商，给其他的零售商和品牌制造商都带来了价格上的压力，但消费者却从中受益。一项麦肯锡的研究估计，在20世纪90年代的后五年，沃尔玛占到了美国经济生产总值的12%。

自有品牌变革同样要求质量不断提高、有更多的产品供选择和消费者能够买到性价合一的产品这些保证。就像我们在第10章和第12

章提到的，制造商品牌能够跟自有品牌进行竞争的唯一办法就是推出创新产品并不断提高质量。在尝试击败自有品牌的过程中，品牌制造商要比它们本来计划的投入更多的时间和更多的金钱。因为自有品牌的变革，现在产品更多了，质量也更好了。

为了吸引消费者像尝试自有品牌一样尝试制造商品牌的新产品，大多数制造商和零售商无一例外地现在都提供一种退款的保证。这一举措很大程度上降低了消费者选用新产品和新品牌的风险，并因此增加了消费者的真正选择。自有品牌变革帮助消费者获得了权益。

自有品牌变革继续推进

和我们有些时候相信的不同，从快速消费品和服装到家具、办公用品和DIY产品，自有品牌在这些行业份额的增加是持续的，没有像钟摆一样来回地摆动。在美国产业贸易杂志《进步的杂货商》（*Progressive Grocer*）自1999年开展的年度调查中，超级市场的高管们已经将“加强自由品牌”排在了对他们最重要的26件应优先考虑的事情之首。图13–1显示了品牌制造商陷入的恶性循环。

相似地，在快速消费品行业，自有品牌在全世界的市场份额据预计到2010年会增至22%（见表12）。到了2020年，随着全球化进程和零售业的不断整合，我们没有任何理由说自有品牌的市场份额不会增长到25%～30%。事实上，西欧国家的自有品牌份额据预计到2010年就会达到30%（见表1–2）。这样的发展并不仅限于快速消费品，自有品牌在其他产业中也取得了成功。例如，自有品牌在美国服装业的市场份额预计到2020年会从今天的40%

图13–1　制造商品牌的恶性循环

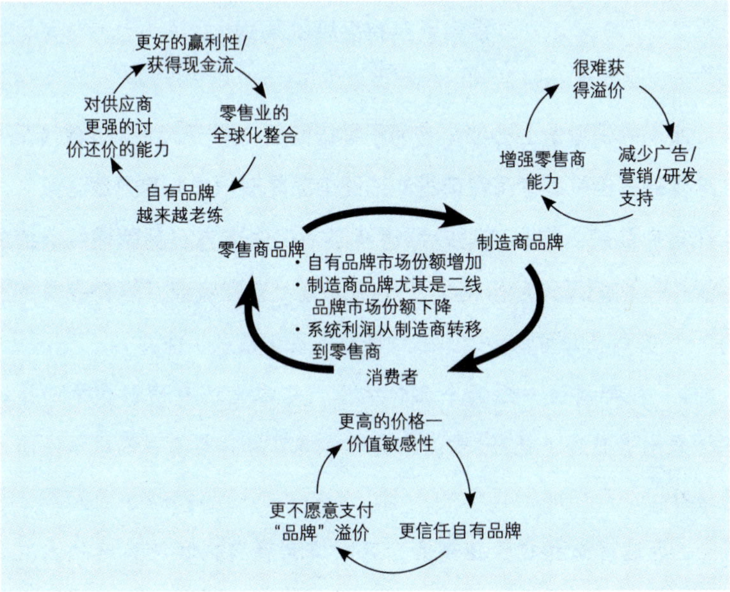

上升到60%。预计到2010年，每年从品牌制造商口袋里面流失的钱还会增加1 000亿到2 000亿美元。

在英国，自有品牌现在占到超级市场销售额的40%。有人可能会说，英国不再是自有品牌发展的一个特例。[2] 确实，沃尔玛的自有品牌份额据估计是40%（见表1–1），这个数字比20年前要少10%。到2020年，美国自有品牌的市场份额和赢利性都可以赶上英国的水平。如果这种情况真的发生，所有前面的预测都会显得很保守。

总之，在某些时间某些特定的品类中，我们可以看到品牌制造商在和自有品牌的战斗中取得了胜利，并且增加了自己的市场份额。但是我们很难想象从现在到2020年，制造商品牌和自有品牌的战争会

导致整个自有品牌的市场份额下降。

零售商自有品牌的局限

所有的消息看上去都是有利于零售商的，事实上绝大多数情况下是这样的，但是零售商在前进的道路上还是有很多问题需要注意。为了在自有品牌上取得成功，零售商必须记住当自有品牌增加价值的时候——它们无论从价格上还是从价值上都应该要“填补品类的空白”。[3] 自有品牌可以在以下三种情况下真正增加价值：

1. 在那些被一到两个品牌统治，基本上没有价格竞争的情况下。复制者品牌（见第2章）能提供给消费者一个真正的以前没有过的选择。

2.通过重新构建价值链和产品，零售商可以按阿尔迪的方式创造相当低价格的自有品牌（见第4章）。这个方法通过给大众提供高质量低价格的产品有助于扩大自有品牌的市场。

3.推出品牌制造商没有提供的新产品和新概念（见第3章）。就像沃尔玛的一位高管所说：“如果我们能够拿出与众不同的、独一无二的，或者对于品类来说全新的自有品牌产品，这就会让我们成为一个更好地为消费者服务的机构。”

但是零售商，特别是主流零售商，从消费者的观点来看往往过分强调了自有品牌。在这一方面，Sainsbury 的可乐就是一个 Sainsbury 的分水岭。它严重侵蚀了可口可乐的市场份额，但是 Sainsbury 却丢失了整个可乐的市场份额。现在 Sainsbury 意识到必须和可口可乐坐下来谈谈了，同时它也重新设计了它的可乐，使之成为领先品牌的补

充，而不是对手。Sainsbury 花了很多年才明白，自有品牌的角色并不是用更低的价格提供同样质量的产品，而是用不同的价格提供不同质量的产品以供消费者选择。[4] 在消费者希望看到选择的时候，主流零售商过分强调自有品牌会赶走自己的客人。

总而言之，零售商应该强调它的自有品牌增加了真实的价值。因为在零售商看来，制造商品牌是大众商品，随处都可以买到，这就可以理解为什么零售商总是希望强调它们自己的自有品牌了。但是零售商必须小心谨慎，不要让自有品牌偏离它们真正的目标——销售消费者想要的产品，而不是销售零售商希望卖给消费者的产品。换句话说就是，我们相信对于像 Albert Heijn、家乐福、麦德龙、乐购和沃尔玛这样主流的大零售商来说，自有品牌的市场份额是有上限的。据我们估计，这个上限大概在40% ~ 50%。然而，如果这是真的，制造商品牌为未来作计划了吗?

品牌制造商的挑战

在这种新的零售环境下，为了应对自有品牌的挑战，品牌制造商必须有很现实的期望，专注于创新，通过收购和渗透新兴市场而寻求增长。

现实的期望

在如此艰难的环境下，品牌制造商需要对自己在销售额和赢利性上的增长有一个现实的期望。说起来容易，做起来却很难。可口可乐也是经过了一番艰难挣扎后才学到了这一点：因为首席执行官的过

度承诺，在1999 ~ 2004年间，美国的碳酸饮料市场萎缩了7%，使得公司不得不连续撤换三名首席执行官。最后，在2004年，当内维利·伊斯德（Neville Isdell）担任首席执行官时，他上台以后的首要措施之一就是将公司的增长目标下调三分之一。他说道："那是留给我的问题中的一部分——努力达到不可能在近期达到的数量。"[5] 修改过的目标要求年收益增长率在6% ~ 8%，销售量增长3% ~ 4%。

相似地，当问到宝洁转型中最重要的教训是什么的时候，首席执行官雷富礼说是面对现实并看到事物真实的一面。[6] 他采取的首要行动之一就是将前任首席执行官迪克·雅格（Durk Jager）定下的过于雄心勃勃的年销售增长7% ~ 9%的目标下调到更现实的4% ~ 6%，同时将每股收益的年增长率目标从13% ~ 15%下调到不低于10%。[7]

大多数公司都期待能同时增加赢利性和市场份额，但是在新的零售环境下，这两个目标不能兼得。当公司可能有不同偏好的时候，它们应该明确表明什么排在组织的顶端。就像大陆轮胎公司（Continental Tires）首席执行官曼弗雷德·威尔玛（Manfred Wennemer）所说的："我们的目标是成为汽车行业中赢利性最好的供应商之一，但我们并不想成为最大的。"[8]

金融团体当然要求公司在预期的数据方面尽量准确，因为这样可以让分析家的工作更轻松一些。但是参与这个游戏也许并不明智。例如，雀巢公司有项政策：它们不承诺精确的财政目标，但是会明确说明它们的战略，并让分析家去做计算预期数据的工作。

当然，我们意识到对作为学者的我们来说很容易要求公司降低在新的自有品牌世界里对增长率和市场份额的预期。但是品牌制造商的

首席执行官们不会简单地举起白旗，在零售商品牌面前束手就擒。为了激励员工，使他们尽全力做到最好，并使整个组织充满活力，他们必须将不断增长和击败零售商品牌作为他们的目标。只有拥有这样的态度，他们才可能获胜。

当意识到这点的时候，我们的意见是，公司在向公众许诺赢利增长时应该现实一点，认清什么样的增长率是我们实际上可以达到的，而什么样的增长率只是为了鼓舞士气的。我们相信，尽管自有品牌的市场份额在不断增加，但是品牌制造商公司还是可以取得增长的。不过这些增长必须通过艰苦的斗争，而且来自新产品、并购和在新市场的不断渗透。对于制造商品牌而言，好日子已经离它们远去了。毫无疑问，就像表13–1所示，在最近10年，即使是很多顶尖的制造商品牌也得到了发展停滞的评价。[9]

创新

我们的观点是：随着自有品牌市场份额的不断增长，具有竞争力的发展前景需要制造商品牌另辟蹊径来创造。增长对于一个发达的市场来说是很困难的，就像第10章明确提到的，它主要依靠推出成功的创新产品和概念的能力。只有拥有足够规模和市场份额的品牌才能有资源支持有雄心的新产品项目。如第11章所讲的基本原理一样，在大多数品类中，你将看不到那些没有被排在第一或第二位置的弱势品牌的身影。

对于最好的公司来讲，持续不断地寻找新产品是一个挑战。传统的创新模式在生产所需数量的创新性新产品方面有局限，而且无论如何，大公司在创新方面都不太在行。在1970年，全球专利的5%都

表13–1 2000～2006年品牌的评价

2006年排名	品牌名字	2006年品牌价值（单位：10亿美元）	2000年品牌价值（单位：10亿美元）	2000 ～ 2006年品牌价值的变化
1	可口可乐	67.00	72.54	–7.6%
12	万宝路	21.35	22.11	–3.4%
16	吉列	19.60	17.36	+12.9%
22	百事 **	12.69	11.14	+13.9%
23	雀巢	12.51	13.68	–8.6%
27	百威	11.66	10.69	+9.1%
40	家乐氏	8.78	7.36	+19.3%
53	欧莱雅 ***	6.39	5.08	+25.8%
54	亨氏 *	6.22	7.06	–11.9%
58	高露洁	5.63	4.42	+27.4%
59	箭牌	5.45	4.32	+26.2%
64	舒洁	4.84	5.14	–5.8%
79	卡夫 *	3.94	4.03	–2.2%
87	酩悦香槟	3.26	2.80	+16.4%
88	强生 ***	3.19	2.51	+27.1%
93	斯米诺伏特加	3.03	2.44	+24.2%
99	妮维雅 *	2.69	1.78	+51.1%
	合计	198.23	194.46	+1.9%

* 2001年，因为没有得到2000年的数值。

** 2002年，因为新的数据，品牌价值数据上调了。

*** 2002年，因为没有得到2000 ～ 2001年的数值。

资料来源：源自 BusinessWeek，"The 100 Top Brands," 2001，2002，2003，and 2006。

是小企业家发布的，而现在，这个数字上升到三分之一左右，而且还在增长。[10] 当宝洁意识到这点后，它认为纯粹靠自己内部创新的旧模式并不很理想。为什么不聘用这些企业家和科学家呢？因此，宝洁公司推出了一个名叫“连接和发展”的开放型创新模式。

拥有了开放型的创新模式，宝洁公司认识到它们正在与其他品牌制造商和零售商竞争，为其现成的全球分销系统争夺这些好主意。宝洁研发部的主管纳比勒·萨卡卜（Nabil Sakkab）说：“我最大的竞争对手就是有好想法的人才……我必须在沃尔玛之前找到他。”为了成功，宝洁不得不给发明家提供开发的能力，并且更快更好地出售他们的产品。就像雷富礼所说：“不管他是什么人，不管他身处何地，只要他有一个好想法，就有可能对我们的某项业务很重要。我们就会想要他们把它带到我们这儿来。”[11] 宝洁对于知识产权态度的最终转变，被形容为从俄罗斯的克里姆林宫（Kremlin）搬到了雅典的卫城（Acropolis）。[12]

收购并渗入新兴市场

除了革新，赢利增长不是来自于收购，就是来自于在新兴市场中的增长。通常，大型的收购不会导致收购公司股东所希望的结果。并且收购甚至可能会偏离收购公司将注意力放在它现存的品牌和业务面临的挑战上。如同可口可乐的首席执行官内维利·伊斯德所说：“人们告诉我，我们应该来场收购。我说：‘好的，但是你们告诉我，现在我们自己的生意运作得不太好。那么是什么让你们觉得我们可以比他们更好地运作他们的生意呢？’”[13]

品牌制造商最好的增长机会是在那些新兴市场，比如亚洲、东

欧、拉丁美洲和非洲。这些地方人口增长率和经济增长率都典型地比西方国家要高得多，但零售贸易还比较分散。在这些市场，品牌制造商面对的挑战都是些它们特别擅长的，比如说品牌塑造、广告宣传和销售管理。虽然自有品牌也在为在这些市场的增长铺路，但是在可见的未来，它们还是很小一股力量（见表1–2）。越来越多有抱负的经理们会寻求在这些国家工作，以使自己出名。例证是当一家大型快速消费品公司的南非区经理被邀去运作欧洲区市场时的反应。他更愿意继续留在新兴市场工作。那里才是“行动”的地方。

品牌衰败了吗？

我们前面说的变化可能会让品牌制造商对它们的前途感到非常悲观。但是当二线品牌都还在生存线边缘徘徊的时候，强大的制造商品牌还是有一个有希望的未来的。今天，虽然自有品牌在不断增长，高端的自有品牌随处可见，但是消费者对于制造商品牌依然充满热情。与之相反，很少有大型零售商的自有品牌能够引起消费者同样强烈的感觉。

即使在英国，这个自有品牌发展最先进的国度，当主妇们被要求叫出她们最希望得到的超市品牌——那些如果不在货架上，她们会念叨的品牌时，排在前49位的都是像亨氏烘豆、家乐氏谷类食品、雀巢咖啡、高露洁牙膏和Walker快餐等制造商品牌。[14]只有在第50位才有一个自有品牌出现——乐购的干酪。很明显，品牌和消费者之间建立的关系已经有几十年了，并且有积累下来的商誉来继续吸引消费者。然而，乐购通过八种产品，在最顶尖的100个品牌中位于联合利

华、宝洁、亨氏和百事之后，排在第五，说明自有品牌在消费者感受方面取得了稳步的上升。

在很多品类中，像乐购和沃尔玛这样的领先零售商使用的多品牌战略像钳子一样钳制住了制造商品牌，并将它们变成了斗争者品牌。通过同时拥有经济型和高端型两条产品线，零售商可以说："哦，看看我们的自有品牌！它比制造商品牌好得多，但是你只需多花几分钱而已。"同时零售商还可以说："这是我们便宜的、非品牌的自有品牌。它几乎和制造商品牌一样好，但是它可要省得多。"

毫无疑问，品牌制造商要崩溃了。它们感到有一群闯入者偷偷摸摸地站在它们身后，想要打入"品牌"消费者了解、热爱和购买的精英俱乐部。这确实是零售商觊觎制造商品牌地位的真实写照。就像宝洁欧洲区前主管保罗・波尔曼（Paul Polman）评论阿尔迪所说："这些人使用品牌就像我们使用品牌一样。他们信任品牌。千万不要被愚弄了！"[15]

制造商品牌对抗自有品牌的两个主要竞争优势的根源——随处可见和创新——现在都已经受到攻击了。Sainsbury 的品牌营销经理戴维・麦克奈尔（David McNair）在被问到Sainsbury能不能在店外销售时说："我们塑造一个品牌，并不需要将它限制在同一个名字的店铺中。"Somerfield 的巧克力曲奇现在在阿姆斯特丹也可以买到。乐购花生酱在阳光海岸（Costa del Sol）也看得到。[16]斯泰博准备在550家Stop & Shop超级市场和遍及东北部的Giant Food店铺中开辟斯泰博品牌专区，40乘80英尺的斯泰博专区以500至1200种斯泰博和国际品牌的产品为特色。[17]

但是这并不是说品牌已经衰败了。就像高露洁、宝洁和联合利华

正表现的那样，它们依然活着，而且还在反击。但是它们的一部分已经收归零售商旗下了。[18] 想一想：当屋主想更换一个漏水的龙头的时候，他能想到的唯一品牌是什么 —— Delta、科勒还是家得宝？零售商们已经成功地把它们自己树立成为消费者心中值得信任的品牌。总体上说，制造商品牌在这方面还有一定优势，但是随着时间的推移，这个差距已经缩小很多了。于是，零售商货架上的制造商品牌变得没有原来那么重要了。

制造商品牌一直还会存在，但是它们已经失去了一些重要性。只有当它们开始有力地还击自有品牌威胁的时候，制造商品牌才能重新获得那些曾经属于它们的光彩。

附录　零售商现状

零售商	2005年在美国的销售额(单位:10亿美元)	总部有业务的大陆	主要形式
AEON	34	日本—亚洲、北美洲、欧洲	多种形式
Albertsons	41	美国	超级市场
阿尔迪	43	德国—欧洲、北美洲	高折扣零售商
亚马逊网站	9	美国—欧洲、亚洲	在线零售商
A&P	11	美国	超级市场
Auchan	38	法国—欧洲、亚洲、非洲、南美洲	大卖场
巴诺书店	5	美国	书籍零售商
贝纳通	2*	意大利—亚洲、北美洲、南美洲、欧洲、非洲	专营服装
百思买	27	美国—北美洲	电器品类杀手
Bloomingdale's	2*	美国	商场
博姿	10	英国—亚洲、欧洲、美国、南非	药房
Brooks	2	美国	药房
C1000	5	荷兰	超级市场
Cape Union Mart	NA	南非	户外装备零售商

（续表）

家乐福	94	法国—北美洲、南美洲、亚洲、欧洲、非洲	大卖场
Circuit City	10	美国—北美洲	电器品类杀手
Coles Myer	28	澳大利亚—新西兰	超级市场
好事多	53	美国—欧洲、亚洲	现购自运
CVS	37	美国	药房
De Bijenkorf	0.5	荷兰	商场
迪卡侬	3	德国—欧洲、美国、亚洲、南美洲	运动装备零售商
Delhaize	23	比利时—欧洲、亚洲、美国	超级市场
Dollar General	7	美国	折扣零售商
Dollar Tree	3	美国	折扣零售商
Dominick's	2	美国	超级市场
Duane Read	2	美国	药房
eBay	5	美国—亚洲、欧洲	在线拍卖
Edah	4*	荷兰—欧洲	超级市场
Edeka	2	德国—欧洲、亚洲	超级市场
El Corte Ingl é s	16	西班牙—葡萄牙	商场
Family Dollar	6	美国	折扣零售商
联邦百货	23	美国	商场
富达	10	美国	金融超市
法雅克	3	法国—欧洲、亚洲、南美洲	电器品类杀手
Fred Meyer	8	美国	商场
Gap	16	美国—欧洲	专营服装
Giant Eagle	6	美国	超级市场
Giant Food	3	美国	超级市场

（续表）

H&M	8	瑞典—欧洲、北美洲	专营服装
H–E–B	12	美国	超级市场
家得宝	82	美国—北美洲	DIY品类杀手
宜家	18	瑞典—欧洲、北美洲、亚洲	家具品类杀手
Intermarché	42	欧洲	超级市场
Intersport	10	瑞士—欧洲、北美洲	运动用品零售商
伊藤洋华堂	28	日本—北美洲、欧洲、亚洲	超级市场
JC彭尼	17	美国—南美洲	商场
JD Sports	1	英国	运动用品零售商
凯玛特	19	美国	超大型市场
Kohl's	13	美国	商场
Kroger	61	美国—北美洲	超级市场
Kruidvat	3	荷兰—欧洲	药店
Lidl	38*	德国—欧洲	高折扣零售商
Limited Brands	10	美国	主营服装
Loblaws	25	加拿大	超级市场
卢氏	44	美国	DIY品类杀手
Makro	2*	英格兰—欧洲	现购自运
Marks & Spencer	13	英国—亚洲、美国	超级市场
麦德龙	73	德国—欧洲、亚洲、非洲	多种形式
Migros	17	瑞士—欧洲	超级市场
Neiman Marcus	4	美国	商场
Netto	1	丹麦—欧洲	高折扣零售商
欧迪办公	15	美国—欧洲、亚洲	办公用品品类杀手
Old Navy	6	美国	专营服装

（续表）

Pick’n Pay	5	南非开普敦—澳大利亚	超级市场
Publix	17	美国	超级市场
Quill	1	美国	目录零售商
Rewe	51	德国—欧洲	超级市场
Rite-Aid	17	美国	药房
皇家阿霍德	56	荷兰—欧洲、北美洲	超级市场
Safeway	40	美国—欧洲	超级市场
Sainsbury	28	英国	超级市场
萨克斯	6	美国	商场
Save-A-Lot	4*	美国	折扣零售商
西尔斯	36*	美国—北美	超大型市场
7-Eleven	12*	美国—北美	便利店
Shaw’s	25	美国	超级市场
Somerfield	5	英国	超级市场
斯泰博	16	美国—欧洲、加拿大	办公用品品类杀手
星巴克	6	美国亚洲、欧洲、澳大利亚、北美洲、南美洲	咖啡连锁店
Stop & Shop	11	美国	超级市场
Supervalu	18	美国	折扣商店
塔吉特	53	美国	超大型市场
Tchibo	10	欧洲	咖啡连锁店
乐购	71	英国—欧洲、亚洲	超级商店
玩具反斗城	11	美国—欧洲、亚洲、非洲	玩具品类杀手
Trader Joe’s	4	美国	专营杂货
Ukrop’s	1	美国	超级市场

（续表）

维多利亚的秘密	4	美国	专营服装
Virgin Superstores	NA	英国—欧洲、美国、亚洲	专营电器
Walgreens	42	美国	药房
沃尔玛	316	美国—北美洲、南美洲、亚洲、欧洲	超级购物中心
Whole Foods	5	美国	超级市场
Winn-Dixie Stores	11	美国	超级市场
Woolworths Australia	24	澳大利亚—大洋洲	超级市场
Woolworths South Africa	2	南非	超级市场
Zara	5	西班牙—欧洲、北美洲、南美洲、非洲、亚洲	服装专营

* 表示为2004年数据。

注释

1 传统品牌正在遭受自有品牌的攻击

1. Nirmalya Kumar, *Marketing as Strategy: Understanding the CEO's Agenda for Driving Growth and Innovation* (Boston: Harvard Business School Press, 2004), chapter 5.

2. M+M Plant Retail, 2005, www.planetretail.net, and "Fortune Global 500," *Fortune*, July 24, 2006, 113–120.

3. Data based on Planet Retail, *Global Retail Concentration 2004* (London: M+M Planet Retail, 2005) .

4. Toy "R" Us Corporate Page, http://www2.toysrus.com/index.cfm ? lb=1.

5. ACNielsen, "ACNielsen Research Finds U.S. Sales of Private Label Consumer Packaged Goods Growing Much Faster than Branded Products," news release, September 18, 2003, http://www.acnielsen.com/news/american/us/2003/20030918.htm.

6. Simon Lloyd, "Retail: Bye-Bye Brands," *BRW Magazine*, April 14, 2005, http://www.brw.com.au/freearticle.aspx ? re1Id=13067.

7. "The Cheap Gourmet," *Forbes*, April 10, 2006, 76–77.

8. ACNielsen, "Consumer Attitudes Toward Private Label: A 38-Country Online Consumer Opinion Survey," http://www2.acnielsen.com/press/documents/ACNielsen_PrivateLabel_GlobalSummary.pdf (presentation, 2005).

9. "Retailers Push Private Label," Beverage Industry, http://www.bevindustry.com/content, php？ s=BI/2004/06&p=6.

10. Carol Matlack and Rachael Tiplady, "The Big Brands Go Begging," *Business Week*, March 21, 2005, 18–19.

11. "Measuring Brand Premium," *Textile Consumer*, vol.31, Winter 2003, http://www.cottoninc.com/TextileConsumer/TextileConsumerVolume31/1203TC.pdf.

12. Robert Spector, "Category Killers—Private Labels," http://www.800ceoread.com/excerpts/archives/000841.html.

13. "Make It Your Own," *The Economist*, March 4, 1995, 8.

14. Reported in Jean-Noel Kapferer, *The New Strategic Brand Management* (London: Kogan Page, 2004), 137.

15. Shelly Branch, "Going Private (Label)—Store Brands Go Way Upscale as Designer Items Lose Cachet; $675 for Macy's Own Sheet," *Wall Street Journal*, June 12, 2003.

16. Robert Berner, "Race You to the Top of the Market," *Business Week*, December 8, 2003, 98.

17. Mathew Boyle, "Brand Killers: Store Brands Aren't for Losers Anymore," *Fortune*, August 11, 2003.

18. 为了增强可读性，本书中的所有数额都已经转化为美元。我们使用的汇率是1英镑兑换1.8美元，1欧元兑换1.2美元。

19. Kapferer, *The New Strategic Brand Management*, chapter 6.

20. Kerry Capell, "Ikea: How the Swedish Retailer Became a Global Cult Brand," *Business Week*, November 14, 2005, 44–54.

21. 2005年8月23日与作者的个人交流。

22. ACNielsen, "Consumer Attitudes Toward Private Label."

23. "Retail Reshaped," Ketchum, http://www.ketchum.com/DisplayWebPage/0, 1003, 2802, 00.html.

24. "By George," *The Economist*, September 25, 2004, 39.

25. Stuart Elliot, "Breaching the Barriers Between Name Brands and Private Labels," *New York Times*, October 20, 2004.

26. Based on Jan-Benedict E. M. Steenkamp et al., *Fighting Private Label: Growth Drivers,Brand Defense Strategies,and Market Opportunities* (London: Business Insights, 2005) .

27. Thomas Bachl, "Big Splurge or Piggy Bank: Where Are the Markets Heading for ? " (presentation given at the annual GfK Kronberg meeting, Kronberg, Germany, January 27, 2004) .

28. Google search, April 17, 2006.

29. Josh Sims, "A Style of Their Own," *Financial Times*, August 9, 2003.

30. Lorrie Grant, "Wal–Mart Sets Sight on Target While Keeping Core Consumers," *USA Today*, August 5, 2005.

31. Kusum L. Ailawadi, Scott A. Neslin, and Karen Gedenk, "Pursuing the Value–Conscious Consumer: Store Brands Versus National Brand Promotions," *Journal of Marketing* 65 (January 2001) : 71–89; Scott Burton, Donald R. Lichtenstein, Richard G.Netemeyer, and Judith A. Garretson, "A Scale for Its Psychological and Behavioral Correlates," *Journal of the Academy of Marketing Science* 26 (1998) : 293–306; Alan Dick, Arun K.Jain, and Paul S. Richardson, "Correlates of Brand Proneness: Some Empirical Observations," *Journal of Products & Brand Management* 4 (1995) :15–22; Judith A. Garretson, Dan Fisher, and Scott Burton, "Antecedents of Private Label Attitude and National Brand Promotion Attitude:

Similarities and Differences," *Journal of Retailing* 78 (2002) : 91–99; and Paul S. Richardson, Arun K. Jain, and Alan Dick, "Household Store Brand Proneness: A Framework," *Journal of Retailing* 72 (1996) :159–185.

32. John Quelch and David Harding, "Brands Versus Private Labels: Fighting to Win," *Harvard Business Review*, January–February 1996, 99–100.

33. "Make It Your Own."

34. Cited in GfK, "Markets, Discounters, Private Labels: The German Marketplace" (presentation given at the annual GfK Kronberg meeting, Kronberg, Germany, March 27, 2003) .

35. Lien Lamey, Barbara Deleersnyder, Marnik G. Dekimpe, and Jan-Benedict E. M. Steenkamp, "How Business Cycles Contribute to Private Label Success: Evidence from the U.S. and Europe," *Journal of Marketing* 71 (January 2007) . 这四个国家的自有品牌发展比较成熟。英国一般被认为是最成熟的自有品牌市场，德国市场是被"不虚饰"的自有品牌所支配，美国和比利时则是介于它们两者之间。

36. "Who's Wearing the Trousers ? " *The Economist*, September 6, 2001.

37. Debbie Howell, "Today's Consumers More Open to Try New Brands," *DSN Retailing Today*, October 25, 2004.

38. Based on Steenkamp et al., *Fighting Private Label*.

39. ACNielsen, "Consumer Attitudes Toward Private Label."

40. Lucy Brady, Aaron Brown, and Barbara Hulit, "Private Label: Threat to Manufacturers, Opportunity for Retailers," Boston Consulting Group Publications 2003 (可见 http://www.bcg.com/publications/files/Priv-Label.pdf)。http://www.bcg.com/publications/publication_view.jsp ? pubID=885&language=English.

41. "Towards Retail Private Label Success," Coriolis Research, February

2002, http://www.coriolisresearch.com/pdfs/coriolis_towards_private_label_success.pdf.

42. 我们使用了回归分析这种统计技术来使总的国家自有品牌份额与带动国家发展的三驾马车——即文化（权力距离、对不确定事物的避免）、社会经济（国家竞争力、社会经济现代性）和零售环境（集中度、国际性零售商的数量、高折扣零售商的存在）——相联系，当然还有国家自有品牌存在的年数。我们的模型解释了国家自有品牌份额高达77%的差异。

43. Stephen J. Hoch, "How Should National Brands Think About Private Labels？" *Sloan Management Review* 37 (Winter 1996): 89–102; and Jan-Benedict E. M. Steenkamp and Marnik G. Dekimpe, "The Increasing Power of Store Brands: Building Loyalty and Market Share," *Long Range Planning 6* (1997): 917–930.

44. "In Search of the Ideal Employer," *The Economist*, August 20, 2005, 45.

45. Queena Sook Kim, "Hot Wheels Chases Extreme Look," *Wall Street Journal*, June 8, 2004.

46. "Private Label Corners Real Juice Trend," Beveragedaily.com, http://www.beveragedaily.com/news/printNewsBis.asp？ id=60950.

47. Constance L. Hays, "What' s Behind the Procter Deal？ Wal-Mart," *New York Times*, January 29, 2005.

48. Susan Chandler and John Schmeltzer, "Sandwiched, and in a Pickle," *Chicago Tribune*, February 7, 2006.

49. Shuba Srinivasan, Koen Pauwels, Dominique M.Hanssens, and Marnik G. Dekimpe, "Do Promotions Benefit Manufacturers, Retailers, or Both？" *Management Science* 50 (2004): 617–629; Shuba Srinivasan, Koen Pauwels, Dominique M.Hanssens, and Marnik G. Dekimpe, "Who Benefits from Price Promotions？" *Harvard Business Review*, September 2002, 22–23.

50. "Kraft Profits Is Hurt by Private Labels," *Wall Street Journal*, July 18, 2003; "Consumers Snub General Mills Price Rise," Bakery and Snacks.com, March 29, 2005, http://www.bakeryandsnacks.com/news/news-ng.asp ? n=59033-consumers-snub-general;Boyle, "Brand Killers" ; Lloyd, "Retail" ; and Matlack and Tiplady, "The Big Brand Go Begging."

51. Helen Wellings, "Store Brand Takeover," Today Tonight on Seven, April 13, 2005, http://seven.com.au/todaytonight/story/ ? id=19990.

2 和传统的自有品牌在价格上竞争

1. Carol Matlack and Rachael Tiplady, "The Big Brand Go Begging," *Business Week*, March 21, 2005, 18–19.

2. Thomas Stockwell, "Resellers Private Label for Differentiation," http://www.os-od.com/stories/print.php ? Story_ID=171.

3. Constance L. Hays, "More Gloom on the Island of Lost Toys Makers," *New York Times*, February 23, 2005.

4. Molly Prior, "Offering Unrivaled Convenience to Every Customer, Every Time," *Drug Store News*, March 22, 2004.

5. The Zara story is extracted from Nirmalya Kumar and Sophie Linguri, "Zara: Responsive, High Speed, Affordable Fashion," July 2005, available from European Case Clearing House (http://www.ecch.cranfield.ac.uk) .

3 高端型自有品牌质量取胜

1. Robin Rusch, "Private Labels: Does Branding Matter ? " brandchannel.com, http://www.brandchannel.com/features_effect.asp ? pf_id=94.

2. Lisa B. Fasig, "Kroger Muscles Up Store Brands," *Cincinnati Business Courier*, January 23, 2006.

3. Laurie Sullivan, "Retailers Ply Their Own Brands," *Information Week*,

April 18, 2005, http://www.informationweek.com/shared/printableArticleSrc.jhtml？ articleID=160901292.

4. Rusch, "Private Labels."

5. 同上。

6. 同上。

7. Woolworths annual report, 2005.

8. David Dunne and Chakravarthi Narasimhan, "The New Appeal of Private Labels," *Harvard Business Review*, May-June 1999, 41–52.

9. Mathew Boyle, "Brand Killers: Store Brands Aren't for Losers Anymore," *Fortune*, August 11, 2003.

10. 同上。

11. Dunne and Narasimhan, "The New Appeal of Private Labels."

12. 同上。

13. ACNielsen, "Europe, US Still Largest Private Label Markets, But Other Regions Seeing Huge Growth Fueled by Retailer Expansion," news release, September 16, 2003.

14. L.Hamson, "Mark's Quality Is Its Key Advantage," *Grocer*, November 6, 2004, 28–29.

15. Mike Duff, "Private Label Hits Its Stride," *DSN Retailing Today*, October 25, 2004.

16. Rusch, "Private Labels."

17. Shelly Branch, "Going Private (Label) —Store Brands Go Way Upscale as Designer Items Lose Cachet; $675 for Macy's Own Sheet," *Wall Street Journal*, June 12, 2003.

18. John J. Pierce, Sean Ryan, and Peter Berlinski, "Premium Private Label Stars in All Channels of Trade, Large and Small Retailers," *Private Label Magazine*, September-October 2002, http://www.privatelabelmag.com/pdf/september_2002/cover.cfm.

19. 同上。

20.Elaine Walker, "Private Brands Boost Department Store Sales," *Miami Herald*, May 8, 2005, http://www.miami.com/mld/miamiherald/11586218.htm？ template=contentModules.

21. Lucy Brady, Aaron Brown, and Barbara Hulit, "Private Label: Threat to Manufacturers, Opportunity for Retailers," Boston Consulting Group Publications, 2003（见 http://www.bcg.com/publications/files/PrivLabel.pdf）.

22. Terilyn A. Henderson and Elizabeth A. Mihas, "Building Retail Brands," *McKinsey Quarterly*, 2000, 3.

23. Sullivan, "Retailers Ply Their Own Brand."

24. Thomas Lee, "Supervalu's Carlita Brand Says 'Hola！' to Hispanic Market," *Star Tribune*, May 6, 2005.

25. Brady, Brown, and Hulit, "Private Label."

26. Jan-Willem Grievink, "Retailers and Their Private Label Policy"（presentation given at the 4th AIM Workshop, June 29, 2004）.

4 利用价值创新型自有品牌争夺理性消费者

1. Karsten Knothe and Anna Wynnyczuk, "PL Outshines Brands in Category," *Private Label Magazine*, Summer 2005, http://www.privatelabelmag.com/pdf/pli_summer2005/print/6.cfm.

2. See the Aldi U.K. Web site, "What the Papers Say," http://www.aldi-stores.co.uk.

3. "Aldi: The Next Wal-Mart," *Business Week*, April 26, 2004, 20–23.

4. For what is probably the best description available of Aldi, see Dieter Brandes, *Bare Essentials: The Aldi Way to Retail Success*（London: Cyan Campus Books, 2004）.

5. John Gapper, "Brands Get the Worst of a Hard Bargain," *Financial Times*, March 17, 2005.

6. Ann Zimmerman, "The Almighty Dollar Store," March 2005, http://www.wsjclassroomedition.com/archive/05mar/econ_dollarstore.htm.

7. Janet Adamy, "Bare Essentials," *Wall Street Journal*, August 30, 2005.

8. 同上。

9. The H&M story is extracted from Nirmalya Kumar and Sophie Linguri, "Zara: Responsive, High Speed, Affordable Fashion," July 2005, available from European Case Clearing House (http://www.ecch.cranfield.ac.uk) .

10. Lisa Margonelli, "How Ikea Designs Its Sexy Price Tags," Business 2.0, October 1, 2002, http://www.business2.com/b2/web/articles/0, 17863, 515048, 00.html.

11. The IKEA example is from Nirmalya Kumar, *Marketing as Strategy: Understanding the CEO's Agenda for Driving Growth and Innovation* (Boston: Harvard Business School Press, 2004), chapter 7.

5 用零售商品牌组合包围制造商品牌

1. Jean-Noel Kapferer, *The New Strategic Brand Management* (London: Kogan Page, 2004) .

2. Jean-Claude Alpi, "Intermarché Adopts 3–Tier PL Strategy," *Private Label International*, Fall 2004, http://www.privatelabelmag.com/pdf/pli_fall 2004/print/4.cfm.

3. "Be Good to Yourself," Food Forum, http://www.foodforum.org.uk.

4. "Wal–Mart Wins Retailer of the Year Award," *Private Label Magazine*, June-July 2004.

5. Lucy Brady, Aaron Brown, and Barbara Hulit, "Private Label: Threat to Manufacturers, Opportunity for Retailers," Boston Consulting Group Publications, 2003 (available at http://www.bcg.com/publications/files/PrivLabel.pdf) .

6. 同上。

7. Sophie Buckley, "The Brand Is Dead; Long Live the Brand," *Financial Times*, September 25, 2005.

8. E.Rigby, "Tesco and Asda Cut Prices Again," *Financial Times*, April 4, 2005.

9. Louise Lee, "Thinking Small at the Mall," *Business Week*, May 26, 2003, 94.

10. John Stanley, "Brands Versus Private Labels," About.com, http://retailindustry.about.com/library/uc/02/uc_stanley2.htm.

6 创造成功自有品牌的关键并不只是价格

1. Google search, April 15, 2006.

2. ACNielsen, *The Power of Private Label 2005* (ACNielsen Global Service, 2005) . 对高和低的分类基于中值的划分。

3. Valarie A. Zeithaml, "Consumer Perceptions of Price, Quality, and Value: A Means-End Model and Synthesis of Evidence," *Journal of Marketing* 52 (July 1988) : 2–22.

4. Susan Fournier, "Consumers and Their Brands: Developing Relationship Theory in Consumer Research," *Journal of Consumer Research* 24 (March 1998) : 343–373.

5. Jan-Benedict E. M. Steenkamp and Marnik G. Dekimpe, "The Increasing Power of Store Brands: Building Loyalty and Market Share," *Long Range Planning* 6 (1997) :917–930.

6. Jan-Benedict E. M. Steenkamp, *Product Quality* (Assen, Netherlands: Van Gorcum, 1989) .

7. 制造商品牌和自由品牌可感知的质量差距数据，收集在4 300名美国消费者的具有代表性的样本中，该样本使用以下的条目："在品类（*X*）中，制造商品牌质量很好"，"在品类（*X*）中，商店的自有品牌质量很好"。条目

被预先试验，以5分制（同意—不同意）衡量。在一个品类中，回答者第一项的分数减去第二项的分数，把结果的不同分数平均一下，就得出了制造商品牌和自有品牌可感知的质量差距。虽然理论上可感知质量差距的范围从–4到+4，但是在现实中这不太有可能会发生，因为自有品牌和制造商品牌在可感知的质量上没有那么大的不同。实际上，对于许多消费者来说，可感知的质量差距比价格更重要，0.5或者更高的可感知质量差距在经营管理上意义重大。在表6–1中，“自有品牌更好”指的是可感知质量差距小于–0.1；“质量相当”指差距在–0.1和0.1之间；“质量差距小”指在0.11和0.49之间；“质量差距大”指在0.5和1之间；“质量差距很大”指可感知质量差距超过1。

8. See Patrick Barwise and Sean Meehan, *Simply Better: Winning and Keeping Customers by Delivering What Matters Most* (Boston: Harvard Business School Press, 2004).

9. Steenkamp, *Product Quality*.

10. 参看注释7中的数据收集过程。条目都是用法文（回译之后）表示，总样本为3929名消费者。

11. Eidan Apelbaum, Eitan Gerstner, and Prasad A. Naik, “Do Quality Improvements Enable Store Brands to Charge Price Premiums?” (working paper, University of California at Davis, 2002); and Raj Sethuraman, *What Makes Consumers Pay More for National Brands Than for Store Brands: Image or Quality?* (Cambridge, MA: Marketing Science Institute, 2000), Report 00–110.

12. Fournier, “Consumers and Their Brands.”

13. Jennifer L. Aaker, “Dimensions of Brand Personality,” *Journal of Marketing Research* 34 (August 1997): 347–356.

14. 我们通过三个条目来衡量形象效用：“从他买的品类（X）中的品牌，你可以说出关于这个人的很多情况”；“一个人买的品类（X）中的品牌可以说明他是什么人”；“我买的品类（X）中的品牌反映了我属于什么类型的人”。

15. Fournier, “Consumers and Their Brands.”

16. Sethuraman, *What Makes Consumers Pay More for National Brands*?

17. Fiona S. Morton and Florian Zettelmeyer, "The Strategic Positioning of Store Brands in Retailer-Manufacturer Bargaining" (working paper 7712, National Bureau of Economic Research, Cambridge, MA, 2000) .

18. Sergio Meza and K. Sudhir, "The Role of Stragetic Pricing by Retailers in the Success of Store Brands" (working paper, New York University, 2003) .

19. 一个品类中包装的相似性是基于消费者的感知，使用的条目是“在品类（*X*）中，商店的自有品牌和制造商品牌十分相似”。

20. Susan Zimmerman, "A Rosy Future," *Progressive Grocer*, November 1998, 45–52.

21. Meza and Sudhir, "The Role of Stragetic Pricing by Retailers in the Success of Store Brands."

22. Stephen J. Hoch and Leonard M. Lodish, "Store Brands and Category Management" (working paper, Wharton School, Philadelphia, PA, 1998) .

23. Hoch and Lodish, "Store Brands and Category Management" ; and Sethuraman, *What Makes Consumers Pay More for National Brands*?

24. 为了保密，结果表示对应于表6–2中15%的价格差距。

7 通过自有品牌使零售商利润最大化

1. Kusum L. Ailawadi and Bari A. Harlam, "An Empirical Analysis of the Determinants of Retail Margins: The Role of Store Brand Share," *Journal of Marketing* (January 2004) : 147–165.

2. Kusum L. Ailawadi, "The Retailer Power-Performance Conundrum: What Have We Learned ? " *Journal of Retailing* (2001) :299–318.

3. A&P annual report, 2001.

4. Marcel Corstjens and Rajiv Lal，“Building Store Loyalty Through Store Brands，” *Journal of Marketing Research*（August 2000）: 281–291.

5. 同上。

6. Francois Glemet et al.，“How Profitable Are Own Brand Products？” McKinsey Quarterly 4，1995，173–175.

7. Lucy Brady，Aaron Brown，and Barbara Hulit，“Private Label：Threat to Manufacturers，Opportunity for Retailers”（Boston Consulting Group，2003）（见 http://www.bcg.com/publications/files/PrivLabel.pdf）。

8. 作者感谢达特茅斯大学塔克商学院的库苏姆·艾拉瓦蒂教授提供的总利润率数据。

9. 例如 Brady，Brown，and Barbara Hulit，“Private Label：Threat to Ma-n ufacturers，Opportunity for Retailers”，报告了两种商品（尿布和谷类食品）的周转率数据。在他们的数据中，领先品牌的周转率比自有品牌的周转率高 50% 左右。

10. Chakravarthi Narasimhan and Ronald T. Wilcox，“Private Labels and the Channel Relationship: A Cross-Category Analysis，” *Journal of Business* 4（1996）: 573–600.

11. 一些分析论文就这一问题进行了研究，包括:David E. Mills，“Why Retailers Sell Private Labels，” Journal of Economics and Management Strategy（Fall 1995）:509–528; Narasimhan and Wilcox，“Private Labels and the Channel Relationship”；Fiona S. Morton and Florian Zettelmeyer，“The Strategic Positioning of Store Brands in Retailer-Manufacturer Bargaining”（working paper 7712，National Bureau of Economic Research，Cambridge，MA，2000）；Jorge Tarzijan，“Strategic Effects of Private Labels and Horizontal Integration，” *International Review of Retail，Distribution，and Consumer Research*（July 2004）: 321–335。

12. Morton and Zettelmeyer，“The Strategic Positioning of Store Brands in Retailer-Manufacturer Bargaining.”

13. Pradeep K. Chintagunta, Andre Bonfrer, and Inseong Song, "Investigating the Effects of Store Brand Introduction on Retailing Demand and Pricing Behavior," *Management Science* (October 2002) .

14. Ailawadi and Harlam, "An Empirical Analysis of the Determinants of Retail Margins."

15. Morton and Zettelmeyer, "The Strategic Positioning of Store Brands in Retailer-Manufacturer Bargaining."

16. Jan-Benedict E. M. Steenkamp and Marnik G.Dekimpe, "The Increasing Power of Store Brands: Building Loyalty and Market Share," *Long Range Planning* 6 (1997) : 917–930.

17. Narasimhan and Wilcox, "Private Labels and the Channel Relationship"，开发了一个分析模式，并且提供了实验证明：如果在它们的品类中自有品牌份额很高，制造商会发现降低品牌的批发价格确实不值得。

18. Corstjens and Lal, "Building Store Loyalty Through Store Brands."

19. Kusum L. Ailawadi, Scott A. Neslin, and Karen Gedenk, "Pursuing the Value-Conscious Consumer: Store Brands Versus National Brand Promotions," *Journal of Marketing* 65 (January 2001) : 71–89.

20. Jan-Benedict E. M. Steenkamp et al., *Fighting Private Label: Growth Drivers,Brand Defense Strategies, and Market Opportunities* (London: Business Insights, 2005) .

21. Roland T. Rust, Valarie A. Zeithaml, and Katherine N. Lemon, *Driving Customer Equity* (New York: Free Press, 2000) .

22. Ailawadi and Harlam, "An Empirical Analysis of the Determinants of Retail Margins." 作者感谢艾拉瓦蒂教授提供的没有在他们的论文表7–2出现的另外的数据。

第二部分　制造商对抗自有品牌的战略

1. Lucy Brady, Aaron Brown, and Barbara Hulit, "Private Label：Threat to Manufacturers, Opportunity for Retailers," Boston Consulting Group Publications, 2003（见 http://www.bcg.com/publications/files/PrivLabel.pdf）.

8　为了更高的利润生产自有品牌产品

1. "Consumer Reports' Tests Find Quality of Store Brands' Products on Par with National Name Brands," *Kansas City infoZine*, August 2, 2005, http://www.infozine.com/news/stories/op/storiesView/sid/9281;and Andrew Wileman and Michael Jary, *Retail Power Plays*（London: McMillan Business, 1997）.

2. John A. Quelch and David Harding, "Brands Versus Private Labels: Fighting to Win," *Harvard Business Review*, January-February 1996, 104.

3. Margaret Littman, "House Brands Hit Home: Growing Private Label Market," *Prepared Foods*, April 1992, http://www.findarticles.com/p/articles/mi_m3289/is_n5_v161/ai_12471761.

4. Quelch and Harding, "Brands Versus Private Labels."

5. Wileman and Jary, *Retail Power Plays*.

6. "Campina Profits from Added-Value, But Private Label Slips," Dairy Reporter.com, March 14, 2005, http://www.dairyreporter.com/news/ng.asp？ id=58715.

7. 同上。

8. Information for the United Biscuits example is from Wileman and Jary, *Retail Power Plays*; United Biscuits, http://www.unitedbiscuits.co.uk/80256C1A0047922E/vWeb/pcCHAS5DADU9;and "UB to Cut Biscuit Capacity," Confectionary News.com, February 6, 2003, http://www.confectionerynews.com/news/ng.asp？ id=14206-ub-to-cut.

9. Michael V. Marn, Eric V.Roegner, and Craig C. Zawada, "The Power of Pricing," *McKinsey Quarterly*, 2003, 27–36.

10. Stephen McMahon, "Smaller Producers Feel the Heat," *The Age*, November 30, 2005, http://theage.com.au/news/business/smaller-producers-feel-the-heat/2005/11/29/1133026467261.html.

11. Information collected in field interviews at the Private Label Manufacturers Association (PLMA) conference, Amsterdam, Netherlands, May 27–29, 2002.

12. Presentation given by PLMA at the annual PLMA trade fair, "World of Private Label," Amsterdam, Netherlands, May 24–25, 2005; and see http://www.expovisie.nl/site2/index.php ? url=http://www.expovisie.nl/site2/nieuws.php ? content_id=3141&categoryid=1.

13. Information for the Cott example obtained from the 2004 and 2005 Annual Reports of Cott Corporation (available at http://www.cott.com/).

14. Cott Corporation, "Cott Corporation Expects 2005 Earnings to Be Substantially Below Previously Announced Guidance," news release, September 21, 2005, http://www.corporate-ir.net/ireye/ir_site.zhtml ? ticker=COT&script=410&layout=-6&item_id=759222.

15. Information for this example based on McBride's annual report, *Working Together*, 2005, available at http://www.mcbride.co.uk, and field interviews at the Private Label Manufacturers Association conference, Amsterdam, Netherlands, May 27–29, 2002.

16. McBride's annual report, *Working Together*, 2005, available at http://www.mcbride.co.uk, 20.

9 有效合作，巧妙构建双赢关系

1. Nirmalya Kumar, "Creat Trust, Not Fear in Manufacturer-Retailer Relationships," *Harvard Business Review*, November-December 1996, 96-

106.

2. Nirmalya Kumar, *Marketing as Strategy: Understanding the CEO's Agenda for Diving Growth and Innovation* (Boston: Harvard Business School Press, 2004) .

3. Janet Adamy, "Bare Essentials," *Wall Street Journal*, August 30, 2005.

4. John Gapper, "Brands Get the Worst of a Hard Bargain," *Financial Times*, March 17, 2005.

5. 同上。

6. Alex Benady, "Nestlé's New Flavour of Strategy," *Financial Times*, February 22, 2005.

7. Lisa B. Fasig, "Federated Reading Million for May Stores Overhaul," *Business First of Columbus*, February, 13, 2006.

8. "H&M: Bringing Haute to the Hoi Polloi," *Business Week Online*, May 30, 2005, http://www.businessweek.com/magazine/content/05_22/b3935090_mz054.htm.

9. 同上。

10. M+M Planet Retail, "Daily News by Planet Retail," August 29, 2005.

11. Thomas Bachl, "Big Splurge or Piggy Bank: Where Are the Markets Heading For ? " (presentation given at the annual GfK Kronberg meeting, Kronberg, Germany, January 27, 2004) .

12. Barbara Deleersnyder, Marnik G. Dekimpe, Jan-Benedict E. M. Steenkamp, and Oliver Koll, "Win-Win Strategies at Discount Stores" (working paper, Marketing Science Institute, Cambridge, MA, 2006) .

13. Carol Matlack and Rachael Tiplady, "The Big Brands Go Begging," *Business Week*, March 21, 2005, 18–19.

14. Adamy, "Bare Essentials."

10 通过聪明的创新击败自有品牌

1. Charles Fishman, "The Wal-Mart You Don't Know," *Fast Company*, December 2003, 68.

2. 这一章节的各个部分是作者从与公司的一些项目中提取的。See Katrijn Gielens and Han-Benedict E. M.Steenkamp, "What Drives New Product Success? An Investigation Across Products and Countries" (working paper, Marketing Science Institute, Cambridge, MA, 2004) ; Jan-Benedict E. M. Steenkamp and Steven M. Burgess, "Optimum Stimulation Level and Exploratory Consumer Behavior in an Emerging Market," *International Journal of Research in Marketing* 19 (June 2002) : 131–150; Jan-Benedict E. M. Steenkamp and Katrijn Gielens, "Consumer and Market Drivers of the Trial Probability of New Consumer Packaged Goods," *Journal of Consumer Research* 29 (December 2003) : 368–384; and Jan-Benedict E. M.Steenkamp, Frenkel ter Hofstede, and Michel Wedel, "A Cross-National Investigation into the Individual and National Cultural Antecedents of Consumer Innovativeness," *Journal of Marketing* 63 (April 1999) : 55–69.

3. Jeremy Grant, "An Own-Label Lesson for Bean-Counters," *Financial Times*, March 11, 2005.

4. Author's calculations are based on Campbell Soup's 2005 Annual Report (available at http://www.campbellsoupcompany.com/index.asp ? cpovisq=) .

5. John D. Cook and Pantelis A. Georgiadis, "Packaged Goods: It's Time to Focus on Product Development," *McKinsey Quarterly* 2, 1997, 91–99.

6. Shlomo Kalish, Vijay Mahajan, and Eitan Muller, "Waterfall and Sprinkler New-Product Strategies in Competitive Global Markets," *International Journal of Research in Marketing* 12 (June 1995) :105–119.

7. Eric J. Swetsky, "The Dangers of Me-Tooism," FindLaw, http://library.findlaw.com/1997/Nov/1/131329.html.

8. 同上。

9. “Albert Heijn Gives In,” *Shield Mark Nieuwsbrief*, July 2005, 2.

10. Simon Pitman, “Procter & Gamble Files Lawsuit over Mouth Rinse,” Cosmeticsdesign.com, February 17, 2006, http://www.cosmeticsdesign.com/news/ng.asp ? n=65915-p-g-vi-jon-oral–care-mouth-rinse-packaging.

11. Jean–Noel Kapferer, “Stealing Brand Equity: Measuring Perceptual Confusion Between National Brands and ‘Copycat’ Own-Label Products,” *Marketing and Research Today*, May 1995, 96–103; Jean-Noel Kapferer, “Brand Confusion: Empirical Study of a Legal Concept,” *Psychology & Marketing*, September 1995, 551–568.

12. Jeremy Grant, “Kraft Cooks Up Strategic Innovations,” *Financial Times*, May 17, 2005, 21.

13. For more details, see Nirmalya Kumar, *Marketing as Strategy: Understanding the CEO's Agenda for Diving Growth and Innovation* (Boston: Harvard Business School Press, 2004), chapter 5.

14. 品牌中的品牌这一概念可以参看www.trendwatching.com，这是一个介绍全球消费趋势、观念和洞察力的网址。

11　有选择地与自有品牌争夺资源

1. Nirmalya Kumar, “Kill a Brand, Keep a Customer,” *Harvard Business Review*, December 2003, 86–95.

2. Jeremy Grant, “Kraft Cooks Up Strategic Innovations,” *Financial Times*, May 17, 2005.

3. Michael Arndt, “Why Kraft Is on a Crash Diet,” *Business Week*, November 29, 2004, 46.

4. Nirmalya Kumar, *Marketing as Strategy:Understanding the CEO's Agenda for Diving Growth and Innovation* (Boston: Harvard Business School

Press, 2004) .

5. Robert Berner, "There Goes the Rainbow Nut Crunch," *Business Week*, July 19, 2004, 38.

6. 同上。

7. "The Rise of the Superbrands," *The Economist*, February 5, 2005, 67–69.

8. 同上。

9. Alex Benady, "Nestl é ' s New Flavour of Strategy," *Financial Times*, February 22, 2005.

10. Berner, "There Goes the Rainbow Nut Crunch."

12 为制造商品牌创造可以取胜的价值主张

1. Jean-Philippe Deschamps and P. Ranganath Nayak, *Product Juggernauts: How Companies Mobilize to Generate a Stream of Market Winners* (Boston:Harvard Business School Press, 1995) .

2. Michael V. Marn, Eric V. Roegner, and Craig C. Zawada, "The Power of Pricing," *McKinsey Quarterly*, 2003, 27–36.

3. Chris Hoyt, "Kraft's Private-Label Lesson," *Reveries Magazine*, February 2004, http://www.reveries.com/reverb/essays/outthere/hoyt20.html.

4. Adam Jones, "No Peace for the Market Behemoths as Unbranded Onslaught Continues," *Financial Times*, September 21, 2004.

5. "The Rise of the Superbrands," *The Economist*, February 5, 2005, 67–69.

6. "Fed Watches to See If Wal-Mart Accepts Higher Priced Huggies," Bloomberg.com, June 20, 2005.

7. Marn, Roegner, and Zawada, "The Power of Pricing."

8. Harald van Heerde, Sachin Gupta, and Dick R. Wittink, "Is 75% of the Sales Promotion Bump Due to Brand Switching ? No, Only 33% Is," *Journal of Marketing Research* (November 2003) : 481–491.

9. Data obtained from "Is There a Way Back for the Brand ? " (presentation given at the annual GfK Kronberg meeting, Kronberg, Germany, March 27, 2003) .

10. Raj Sethuraman, V. Srinivasan, and Doyle Kim, "Asymmetric and Neighborhood Cross-Price Effects: Some Empirical Generalizations," *Marketing Science* 18 (Winter 1999) : 23–41; and Raj Sethuraman and V. Srinivasan, "The Asymmetric Share Effect: An Empirical Generalizations on Cross-Price Effects," *Journal ofMarketing Research* 39 (August 2002) : 379–386.

11. "Battle of the Brands," *Consumer Reports*, August 2005, 12–15.

12. Eidan Apelbaum, Eitan Gerstner, and Prasad A. Naik, "The Effect of Expert Quality Evaluations Versus Brand Name on Price Premiums," *Journal of Product and Brand Management* 2–3 (2003) : 154-165.

13. "Procter & Gamble's New, Improved European Strategy: Cut Prices," Bloomberg.com, April 6, 2005.

14. Andrew Jack, "GSK Puts Its Faith in Drinks and Toothpaste," *Financial Times*, September 17, 2005.

15. Jean-Noel Kapferer, *The New Strategic Brand Management* (London: Kogan-Page, 2004) .

16. Sian Harrington, "Will Rising In-Store Activity Leave Traditional Advertising on the Shelf ? " *Financial Times*, August 3, 2004.

17. Jane Bainbridge, "Sector Insight: Bread-Upper Crust," *Design Bulletin*, April 27, 2005.

18. "Procter & Gamble' s New, Improved European Strategy."

19. Hoyt, "Kraft' s Private-Label Lesson."

20. Hoyt, "Kraft' s Private-Label Lesson."

21. 同上。

22. Jenny Wiggins, "Heinz to Sell Weak European Businesses," *Financial Times*, May 27, 2005.

23. Information taken from *Business Week*'s article "The 100 Top Brands," published in *Business Week*, August 6, 2001, 60–64; *Business Week*, August 4, 2003, 72–78; *Business Week*, August 2, 2004, 68–71; *Business Week*, August 1, 2005, 90–94; *Business Week*, August 7, 2006, 60–66.

13 品牌衰败了吗?

1. "The Rise of the Superbrands," *The Economist*, February 5, 2005, 67–69.

2. Lucy Brady, Aaron Brown, and Barbara Hulit, "Private Label: Threat to Manufacturers, Opportunity for Retailers," Boston Consulting Group Publications, 2003（见 http://www.bcg.com/publications/files/PrivLabel.pdf）.

3. Constance L. Hays, "More Gloom on the Island of Lost Toy Makers," *New York Times*, February 23, 2005.

4. Alan Mitchell, "Own Label Versus Brands War Moves to New Terrain," *Marketing Week*, October 15, 1998, 34–35.

5. Andrew Ward, "Coke Gets Real: The World' s Most Valuable Brand Wakes Up to a Warning Thirst for Cola," *Financial Times*, September 22, 2005.

6. Ali Ashurov, "Focus on the Core," *Harbus Online*, News, April 22, 2003, http://www.harbus.org/media/storage/paper343/news/2003/04/22/News/Focus.On.The.Core-423008.shtml？ norewrite200608071129&source domain=www.harbus.org.

7. Neil Buckley，“The Calm Reinventor，” *Financial Times*，January 29，2005.

8. Richard Milne，“Conti’s Formula for Racing Ahead，” *Financial Times*，March 30，2005.

9. 表13–1是根据《商业周刊》2001、2002、2003和2005年前100名品牌的调查计算的。

10. Neil Buckley，“Procter’s Gamble on Outside Ideas Has Paid Off，” *Financial Times*，January 14，2005.

11. 同上。

12. Buckley，“The Calm Reinventor.”

13. Ward，“Coke Gets Real.”

14. See Grocery Brand Preference Study 2005，Geronimo，http://www.geronimo.co.uk/brands/.

15. “Procter & Gamble’s New，Improved European Strategy: Cut Price，” Bloomberg.com，April 6，2005.

16. Mitchell，“Own Label Versus Brands War Moves to New Terrain.”

17. Laurie Sullivan，“Retailers Ply Their Own Brands，” *Information Week*，April 18，2005，http://www.informationweek.com/shared/printableArticleSrc.jhtml？ articleID=160901292.

18. Sophie Buckley，“The Brand Is Dead; Long Live the Brand，” *Financial Times*，September 25，2005.

作者简介

尼尔马利亚・库马尔（Nirmalya Kumar）是市场营销学教授、高级管理人员教育系主任、市场营销研究中心主任，以及伦敦商学院的埃迪亚・贝拉（Aditya Birla）印度研究中心主任。

库马尔从西北大学获得营销学博士学位之后，曾经先后在哥伦比亚大学、哈佛商学院、瑞士洛桑国际管理学院（IMD）和西北大学任教。

库马尔在50个不同国家的50家财富500强企业内进行过指导和咨询工作。他还担任过ACC、Bata India、BP Ergo、Gujarat Ambuja和Zensar Technologies等公司的董事。他频繁地出现在像BBC、CNBC、CNN这样的新闻媒体上，并且还是《金融时报》（*Financial Times*）的撰稿人。

作为一个多产的作家，他是《全球市场营销》（*Global-Marketing*）和《战略营销——理解首席执行官推进发展和创新的议程》（*Marketing as Strategy: Understanding the CEO's Agenda for Driving Growth and Innovation*）（被翻译成六种语言）的作者。他现

在正在写作《稀缺商品——从商业市场的无价到价值和品牌的转变》（*Rare Commodity: Moving Business Markets Beyond Price to Value and Brand Turnarounds*）。他还在《哈佛商业评论》上发表过四篇文章。还有多篇学术论文发表在《管理学学会期刊》（*Academy of Management Journal*）、《市场营销杂志》（*Journal of Marketing*）和《营销研究》（*Journal of Marketing Research*）上。

作为许多教学奖项的得主，他编写了40多个案例。这些案例为他赢得了三次《商业周刊》（*Business Week*）/欧洲案例交流中心（ECCH）关于引用的奖项。

简-贝内迪克特·E.M.斯丁坎普（Jan-Benedict E.M. Steenkamp）（本科、硕士和博士均以优异的成绩毕业于荷兰的瓦格宁根大学）在全球市场营销、品牌和自有品牌方面是世界的权威专家之一。他是荣获C. Knox Massey基金荣誉奖励的市场营销学教授和北卡罗来纳大学教堂山（Chapel Hill）分校的市场营销学客座教授。他同时也是AiMark（www.aimark.org）这一研究重要营销战略课题全球研究中心的执行董事。AiMark聚集了美国和欧洲最优秀的研究人员，并且还拥有世界最顶尖的市场营销机构中的两家——GfK和Taylor Nelson Sofres。

斯丁坎普已经编著了五本书，而且为管理实践型期刊和学术型期刊撰写了一百多篇学术文章。根据过去10年的引用数据统计，他是全球在经济学和商业领域被引用次数最多的一百名科学家中排名最高的市场营销学者。

他因为“在行为和社会科学领域卓越的成就”而获得了荷兰皇家科学院颁发的著名的Hendrix Muller终身成就奖。他个人发表的关于

全球市场营销、品牌和营销效率方面的文章也赢得了无数的奖项。

斯丁坎普已经在八次产业会议中担任主席，并且组织了数以百计的为营销从业者召开的会议和研讨会。他在全球市场营销、品牌、自有品牌、创新和战略方面从事高级管理人员教学工作。他在这些领域为许多公司作过咨询，其中包括宝洁、卡夫、联合利华、利洁时、苏黎世金融服务集团（Zurich Financial Services）、毕马威（KPMG）、萨拉・李、强生和Campina。